U0069595

游智彬政經論集

游智彬 著

臺灣新世代的思考

◎ 財經專業

◎ 青年視野

◎ 在地關懷

自序

感謝林佳燕老師對本書出版的支持，感謝政治大學東亞所黃智勇先生、臺灣大學黃怡菁女士協助校正，讓本書順利完稿。

本書的出版，主要集結筆者近幾年在兩岸報章發表的政治經濟觀點。作爲臺灣學習成長、大陸工作發展的新一代臺灣青年。我們身上流淌的血液和基因，既有大陸的也有臺灣的。我們精神瀰漫與信仰的，既有大陸的也有臺灣的。兩岸關係在二〇一六年以後進入一個新的冷戰模式，對於長期在大陸發展的臺灣人造成不少困擾。作爲臺灣在大陸兩百萬人之一，我想以清晰的憂慮來告訴大家，臺灣的大陸的難以分割，和平與對話才是最大公約數。

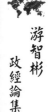

從大學一年級當選學生議員且成爲政治大學歷史上最年輕的學生議會副議長開始，至今將近20年過去，筆者依然對政治保持高度的關注和熱情，且深信這既是知識分子的使命也是責任。大學時期，參與過馬英九先生舉辦的民主研習營，也參與過邱義仁先生舉辦的潮流營，算是對我個人的政治啓蒙。政治大學的校歌唱著政治是管理眾人之事，臺灣20年來政治變遷筆者親身感受，往返兩岸的生活經驗給我不同的視野和觀點，也是本書的價值之一。

臺灣與大陸往來的經濟數據看來，緊密度不言可喻。臺灣政治與大陸的關聯度，更是外冷而內熱，是兩岸話語權的爭奪，更是相罵恨無話。當前臺灣面對大陸，總是在理性與理盲之間徘徊躊躇，尤其蔡英文總統執政六年來，臺灣對於大陸的理盲遠遠戰勝理性。兩岸關係的對峙在解放軍機繞臺頻率中持續升溫，經濟學人報導臺灣是世界上最危險的地區，卻被民進黨當局解釋成臺灣成爲世界輿論中心，樂觀主義與阿Q精神恐怕會消耗掉臺灣更多的機會。

本書從政治與經濟兩個層面討論臺灣面對的困難與解套，不僅僅從一個青年學者的研究觀點，更重要的是一份珍愛臺灣的鄉土情懷。感謝臺灣社會的栽培，以個人微薄的力量與研究精神，成此專書，獻給關心臺灣前途的朋友。

目錄

經濟篇

政治篇

陳柏惟「秀場式」質詢是母語霸權與新威權主義的產物？

皮格子樂團主唱林艾德以《陳柏惟對母語的堅持　竟成浪漫主義的悲劇》一文為陳柏惟的秀場式質詢發聲，企圖將一場「秀場質詢」演繹成浪漫主義的悲歌與英雄主義的悲劇。陳柏惟絕對不是現代歌德也絕對不是現代項羽。林艾德為文到底是歌手的浪漫情懷作祟，還是包藏政治陰謀的糖衣毒藥？林艾德說陳柏惟的表現得很幼稚，但這不是政策上的幼稚，正好相反，這個政策是先進的、是與國際接軌的、是朝野都支持的。陳柏惟的幼稚在於他沒看清「國家語言」只是用來表演多元尊重的戲碼，在中華民國永遠只有華語才是國語；他的幼稚在於相信我們的母語還有救，罷免前夕還選擇在議事的最高殿堂堅持；他的幼稚在於用辦喜事的心情來迎接立院同步口譯，卻忽視了翻譯沒辦法解決的惡意；他的幼稚是浪漫主義，而為了母語，把政治路斷在這樣一場被統媒扭曲是非的荒謬質詢下，也許正是他浪漫主義的悲劇。

陳柏惟一點都不幼稚，他知道選民的偏好是什麼，他懂得表演，他會取悅選民迎合媒體，講一些激烈的話語博取媒體關注，進而取得網路聲量來加持自己的在政治資本。陳柏惟也沒有忽視了翻譯沒辦法解決的惡意，這個惡意是他樂見也是連呼吸都在想像的美妙滋味。他擅長在質詢中製造衝突，激起對立，因爲嗜血的媒體只有聞到對立的血腥味才足以完成一天的採訪成果。光有理性的問政與平和的政策溝通根本無法引起媒體關注和報導，有很多的立委是默默在做這件事，但是陳柏惟不是。陳柏惟不是浪漫主義的悲歌，恰恰是務實主義的投機政客。他去大陸拍片爲了賺錢，那時候他完全遵守中國的制度與法規。當他需要以批判中國來作爲參與政治的起手式時，中國在他口中徹徹底底變成一個萬惡的政權。陳柏惟一點都不幼稚，他還是一個政治精算師，他以數千票在高雄市議員選舉中鎩羽而歸時卻投入一個與自己力量極不對稱的立委選舉，此後他以一個基進黨人獲得民進黨黨政軍的強大奧援，最後絆倒在該區經營多年的政治對手。如果這個沒有政治精算那什麼才叫政治精算？

亞洲週刊曾經以蔡英文總統爲封面報導，揭露臺灣民選獨裁幕後是綠營新威權主義現象。蔡總統變成新威權主義的領袖，強調「全面執政」，但卻變成「民選皇帝」，行政專斷、立法唯諾、司法應聲。中大新聞臺被關臺事件，反對瘦肉精的醫生被警方查問，臺大教授批評政府被員警約談等，都觸目驚心。陳柏惟在立法院的議事殿堂強迫官員用母語質詢，不尊重官員的專業只是爲行駛自己的母語霸權，充分給臺灣多元語言環境抹上陰影。

民進黨的創黨元老張俊宏、前總統陳水扁、前副總統呂秀蓮都痛批綠營的新威權主義，陳柏惟在立法院的議事殿堂的母語霸權就是新威權主義下的產物。文化大學教授周陽山認爲，臺灣的新威權跟過去威權主義主要差異在於：現在的威權主義還經過民選程式，套上了一層合法的外衣。請大家不要忘記，納粹大屠殺發動者希特勒，就是透過民主程式獲得政權，領導納粹德國及其協作國對近六百萬猶太人進行的種族滅絕行動當時歐洲共有近九百萬猶太人，其中近三分之二被害，包括近一百五十萬兒童。希特勒獨裁地位的樹立最特別之處，在於他不是用槍桿子武裝革命登上權力的最高峰，而是依靠民選制度，由選民一票一票把納粹黨推上執政地位。這無疑勾起一項政治哲學的深思，這是一個血淋淋的教訓，民主所需要的權力制衡，以及人權文明的普遍性，不能以任何名義剝奪的。用選票剝奪人權，不僅不是民主，反而是最極端的獨裁，因爲它是以人民的意願作爲理由，從而得以爲所欲爲，犯下人類史上最殘忍恐怖的罪行。我們今天應當以十二萬分戒愼恐懼的心情思考，臺灣兩千三百萬人口的多元社會，我們需要新威權主義？我們需要立委陳柏維？

執政當局反對黨思維　民進黨對不起臺灣

中國傳統文學有一句老話：「國家不幸福詩家幸」；放眼今天的臺灣，可以對照的是「人民不幸民進黨幸」。民進黨的選舉文宣，從臺中人對不起林佳龍到高雄人對不起臺灣一系列的叫囂，不僅反映出蔡英文政府對於選情的焦慮，也顯示出民進黨過去最強悍的文宣鐵軍機器已經漸漸在權力傲驕中銹蝕，取而代之的是更可怕的網軍方向球部隊。網軍出鞘，比冷兵器更加精準，更加致命，不管敵人和朋友，不管黨內同志和黨外對手，一經洗血，沒死也要剩下半條命。

綠媒吳子嘉董事長總結過去臺灣的政壇流傳一個故事：「民進黨選舉會賺錢，國民黨選舉會賠錢」。老百姓會自動給民進黨的候選捐款，而國民黨的候選人選舉準備賠錢，因為過去國民黨黨營事業家大業大，會用資金補助候選人，所以老百姓不會給國民黨候選人捐款，當然沒有國民黨支持的候選人就會選的很辛苦。翻開臺灣選舉歷史，老百姓普遍存在同情弱者的情緒，民進黨的每一次選舉造勢也往往都瀰漫悲情和陳痛苦述，當然往往也取得不錯的戰果。民進黨就是在臺灣老百姓的栽培和同情之中，一步一步成長起來，直攻國家心臟，獲得政權。然而權力腐化的速度超越執政進步，慣性的反對黨思維以及得來不易的權力焦慮使得民進黨整個黨的派系利益之爭碾壓一切。過去高喊的公平正義已經荒廢，民生福祉完全拋諸腦後。論酬傭，國民黨再倡狂也比不過；論走私私煙，國民黨再黑暗也比不過；論貪污腐化，國民黨再墮落也比不過。

高舉台獨大旗並衍生出一系列台獨理論論述的的民進黨理論菁英階級，無視割裂國族文化延續，用掉包和移花接木的手法，包裝政治奪權的私心，澆灌人民仇恨和反中情緒，最後演變成文化閹割。在經濟文化社會依存度極高的海峽兩岸之間，築起對立對抗的高牆。不斷以教育「地溝油」來餵養臺灣的新生代，逐步形成島內青年世代的兩極化思想對抗。然而，現實並不站在台獨抗中這一邊。當年最支持你的台獨青年軍，奔相走告要投綠，牽手護臺灣就是要對抗萬惡的「共匪」。然後大學畢業跑去大陸當臺勞，重點還和大陸的女孩子結婚成家，看起來也滿幸福的樣子，就是現在不怎麼說台獨了。這麼好的年輕人，你用台獨把毒藥包裝成童話，你的支持者在大陸發展需要從對抗中妥協，最後演變到認同，那不是誤人青春什麼叫誤人青春。更有甚者，太陽花學運暴亂人員偷偷跑去大陸工作，最後被人贓俱獲，種種令人莞爾的畫面不斷顛覆臺灣人民的想像力，沒有民進黨人做不到的事。只有臺灣善良人民想不到的事。

有一回筆者去恆春旅遊，一個司機大哥開始哀歎大陸客不來，生意不好做。問他總統投票給誰？他說蔡英文。問他爲社麼？他說「無法度，臺灣因仔，愛給伊挺一下」。這麼多的無名小民，他們在情感上這麼疼惜民進黨，這麼疼惜蔡英文。那民進黨的回報是什麼？二〇一六年民進黨執政以來，大陸團客來臺人數銳減，臺灣媒體版面不斷看到「六百家飯店求售」「五星級飯店加住一晚只要七元」「遊覽車司機賣車求生」的報導。臺灣有兩百萬觀光從業人員，就是影響兩百萬個家庭，民進黨執政想過這些含淚都要投票給你的臺灣勞苦大眾？

民進黨主政者口口聲聲「中國客來臺灣，那是短期的政治紅利，當然很歡迎陸客來，但必須認清陸客會大量湧進，並非自由市場的結果。」然而交通部推出三十六億元補助秋冬國旅，交通部又祭出堪稱史上最大規模的國際旅客優惠措施，從免簽、團客到散客無所不包。陸客來臺是短期政策紅利，你花老百姓的納稅錢，補貼特定行業，就不是短期的政策紅利？

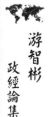

臺灣社會眞正的不幸，不在於經濟好不好，人民能力不努力，在於民進黨治理臺灣一直未脫離「反對黨思維」。一個執政團隊，無法拿出執政業績和提高民生福祉。「歸工攏咧練瘋話」似乎形成民進黨從政人員的標準配備。二〇〇八年謝長廷競選總統時說兩岸如自由流通，臺灣將出現「查甫找無工，查某找無尪，囝仔要去黑龍江」，看看十年前到今天，兩岸貿易度是不是更加緊密？二〇一八年兩岸貿易合計2,262億美元，同比增長13.2%，占臺灣進出口總值38.1%。其中臺灣對大陸貿易順差1289.51億美元，而全年臺灣所有貿易順差總額僅221.3億美元。設想若沒有大陸市場，不但臺灣二〇一八年進出口總量將不足四千億美元，且將出現超過一千億美金的貿易逆差，幾乎不可能維持現有機構運轉。今天的臺灣「查甫找無工，查某找無尪，囝仔要去黑龍江」？

柯P組黨　白色力量的「國民黨化」

柯文哲組黨會不會也變成「全民討厭柯P黨」？柯P爲了二〇二〇年，已經拋出組黨議題，高嘉瑜連聲祝福，預告柯P的大位之路已經進入倒數計時。組黨也是兩面刃，白色力量的國民黨化似乎已經成形。民進黨靠著反國民黨上臺，誰料到她奪取政權比國民黨還要國民黨。

國民黨是一個百年政黨，門生故舊的「醬缸文化＋大老文化」爲人詬病，兩次政黨輪替被民進黨修理的氣喘噓噓。民進黨贏得政權八年即變得腐朽不已，政二代橫流綠營政壇，終於因爲吃相難看促成政黨再輪替。柯P的白色力量翻轉臺北帶來新氣象，四年執政也慢慢「國民黨化」，互聯網時代更新太快，政治勢力老化也跟著加快。陳思宇滿門權貴卻以白色力量自居，這是權貴傲慢的起點，也是權貴階級洗白的高端戰術，企圖標籤化加速選民認同。無奈互聯網時代資訊太透明，放大鏡之下無人可以逃脫，只能繼續裝傻賣甜選下去。

臺大教育經濟學教授駱明慶研究發現，三成臺大學生來自臺北市，其中又以大安區密度最高；人生並非全靠自己努力，十八歲的人有多大機率考上臺大，外在環境爲

關鍵之一，是臺灣階級固化的表徵之一。英雄不論出生低是權貴階級餵養社會大眾的「普世價值地溝油」，也是歷朝歷代皇帝愚民統治的高明騙術。讓底層社會鎮日鎮夜汲汲營營於溫飽，鮮少翻身機會卻仍看到一線曙光。有一位台商是專科學校的園藝科畢業，對於園藝事業有極大的熱情，但是園藝事業需要大片的土地，他說以他們家在臺灣的社經背景，他是沒有機會拿到土地，後來到大陸發展取得土地也經營了還算規模的莊園。從這個故事看到的是階級固化會流失人才，造成社會的損失，古往今來晉才楚用往往留下佳話，其實也是人才留出地最大的損失。

政二代在社會關係網中占據有利位子，資源豐富又有父祖餘蔭，加上從小在高人一等的社經圈子中耳濡目染，學習良好的社交技巧與辦事能力，比起一般子弟更容易成功。然而，當一個社會的階級流動太慢或是不流動的時候，將會形成權貴階級的傲慢與不安全，你有房有車有存款，別人都沒有，你會安全？陳思宇作爲深諳媒體的市府發言人對媒體狂言「阿北，我在中央等你哦！」這代表了一個政三代的自信，也曝露柯P團隊取總統大位已是內部共識。臺灣政治最大的謊言就是「理想性」，權力總是使人變得不堪，也許柯P神話也會變柯P笑話。柯P身上可以看到阿扁的影子，當年阿扁以「有夢最美，希望相隨」席捲全臺，君不見今天的柯P白色力量在臺灣政壇翻雲覆雨。

以史爲例，永嘉元年（三〇七年）八王之亂後，司馬睿聽從王導建議遷鎮到建康。南遷後王導以「鎭之以靜，群情自安」政策穩定政權，藉由當地名士顧榮、賀循爲引，進而獲得吳姓世族的擁護。任何政權的維繫都必須與權貴階級共治，國民黨、民進黨、柯P都逃不過這個宿命。也許，下一個臺灣最大黨，就是討厭柯P黨。

蔡英文勝選後的難關　不是兩岸關係而是青年

蔡英文以八百一十七萬票的史上最高票成功連任，學者普遍認爲，香港「反送中」事件加深臺灣青年「亡國感」，民進黨「抗中保臺」行銷策略成功；可見政治操作沒有是非只有輸贏，因爲選舉中的激情，恨的力量要比愛的力量更加有力。全國南北選區，藍綠兩黨的布條都是對對方的激進式斥責與批判，無限上綱到賣臺與斷子絕孫的恐嚇式宣言，無不顯示出臺灣政治的歇斯底裡症候群。

《烏合之眾：大眾心理研究》一書中，勒龐闡述了群體以及群體心理的特徵，指出了當個人是一個孤立的個體時，他有著自己鮮明的個性化特徵，而當這個人融入了群體後，他的所有個性都會被這個群體所淹沒，他的思想立刻就會被群體的思想所取代。而當一個群體存在時，他就有著情緒化、無異議、低智商等特徵。藍綠兩大陣營的鐵粉對決非常能夠詮釋《烏合之眾》這本書的理論實證。民進黨在大選中將青年關心的國家主權議題簡單化、口號化，成功激發非政黨支持者的選民政治意識，漂亮贏得選戰，甚至激發許多家庭的時代對立。諷刺的是，民進黨勝選以後，不僅二〇一八年九合一地方選舉敗選聯盟官位更加穩固，更好玩的是五府千歲開始班師回朝，蘇貞昌續任閣揆，遊錫堃也準備執掌立法院。這些都無可厚非，民主的遊戲規則便是贏者全拿，四年掌握和分配資源再看下一回合決戰。

yes123求職網的「金鼠年後轉職潮與海漂族計畫調查」所調查的結果顯示，二〇一八年年臺灣赴海外工作的人估計高達73.7萬人，創歷史新高，而調查結果也顯示，越來越多人想出國求職，有87.8%求職者透露考慮到海外工作，其中日本、美國、東協都是海外工作熱門地點，這個數字高於去年的84.6%，更續創六年來新高，這樣算下來，在八百三十八萬人的潛在跳槽族中，就有七百三十六萬人想當海漂族。調查也發現，平均希望在海外領的月薪，是比臺灣目前領的「多出」111.6%，等於是要拿到2.12倍的薪資。對於「最想去」的海外工作地點，中國大陸占的21.9%，有五分之一強，最讓年輕人抵制的中國大陸，居然也是工作的理想之地。這是臺灣年輕人在國族認同與經濟現實的雙重閹割。

英國牛津經濟學院「二〇二一全球人才報告」指出，二〇二一年臺灣將面臨全球最大的「人才缺口」，對照行政院主計總處最新公布，民國一〇六年國人赴海外工作人數達七十三萬六千人，再攀歷史新高，這個大哉問再次凸顯臺灣人才「只出不進」，確實已嚴重到足以動搖國本！就業市場長期低薪是造成臺灣人才外流的關鍵因素！全臺有三百萬人月薪在三萬元以下，占就業人口三成左右；月領三到五萬元的上班族占就業人口五成。為凸顯長期低薪的不合理就業環境，曾有媒體報導形容在臺北月領不到五萬的上班族，過的是窮人般的生活。臺灣房價高企，物價也高。薪水漲幅跟不上物價波動，薪資就變成負成長。窮忙族效應在臺灣年輕人中蔓延，不是「窮忙」，而是真的「又窮又忙」。以民主進步之名的黨，用年輕人的熱情與勇氣奪得政權的新政府，這一回，別再對不起年輕人。踏著他們的低薪與磨難，走向自己的權貴之路，已經不是「道德」和「智慧」可以說個明白。

「反滲透法」是臺灣的「政治屠婦」出場前奏？

全球正經歷一場「民主大蕭條」，連最老牌的民主國家美國，也從「完全民主」退成「有缺陷的民主」。經濟學人二〇一八年智庫EIU所編製的《全球民主指數》（Democracy Index）揭露：臺灣在政治文化方面，選舉從黨內初選一直到大選，時常從初選就「殺到見骨」，一方面造成政黨自己內部的不合；另一方面，在社會上也導致不同政黨支持者間的分化與對立，久久無法癒合。這種對立，平時看來無傷大雅，但每次遇到選舉或爭議性的公共議題，尤其兩岸關係，情緒就會被攪動、對立上升。

民主是個好東西，但是多少人假民主之名，黨同伐異，屠殺人民成為民主屠夫。翻開二戰歷史，希特勒便是一位通過民主選舉獲得執政地位的獨裁者。《反滲透法》是臺灣民主缺陷的最佳鐵證。政黨之間的鬥爭已經意識形態鬥爭進階到以國家安全之名，進行立法傷害對方陣營的支持者之實。原來溫良恭儉讓只是政治對手溫水煮青蛙的加熱器，國民黨作為一個中產階級為主的政黨，長期無法對抗草根勢力。一路走來，丟掉大陸大好河山，退居臺灣居然也丟掉偏安的政權，想來多麼令人唏噓！如果這一次作爲擁護兩岸交流的臺灣主要政黨，國民黨立法院諸公守不住，眞的會讓支持者失望，乾脆下架國民黨，讓國民黨走入歷史灰燼。

國民黨雖然只有三十五席立委，票數不敵民進黨，戰鬥力堪慮。謝長廷曾經說過，民主不是多一票就贏，公共政策應該要有協商空間。從韓國瑜高雄勝選與庶民政治的崛起，顯示臺灣社會的選民偏好正在轉向。國民黨持續以理性杯葛議事完全無法制約綠營的鴨霸執政，那麼不僅丟了江山，也讓支持者失望和受苦，才是眞正的對不起選民。在美國，冗長辯論是美國參議員的特權之一，少數黨會以此爲戰術，拖長議事時程，直到沒有議員可以撐下去，讓議案胎死腹中。冗長辯論（英語：filibuster），又稱拉布或費力把事拖，狹義是議會中居於劣勢的一小部分甚至單獨一位議員，無力否決特定法案、人事，或爲達到特定政治目的時，在取得發言權後以馬拉松式演說，達到癱瘓議事、阻撓投票，逼使人數占優的一方作出讓步的議事策略。

此前藍委蔣萬安眞的在發言臺連續講了二個多小時，最後甚至擋下民進黨力推的勞基法修正案。期待這一次《反滲透法》三讀攻防，國民黨能夠集結反對力量，死守立法陣地，爲總統和立委的選情續命，打出一記新的全壘打。戰爭前的寧靜蘊藏風暴無限，希特勒帶給人類乃至猶太人的災難是跨越國家邊界和歷史縱深的，我們除了拿起鍵盤抵禦這個暴君政府之外，甚至連拖把都應該掏出來，嚴防臺灣這個美麗的島嶼出現「屠夫」或「屠婦」。

中國大陸的傅爾布萊特計畫

傅爾布萊特計畫是由美國參議員傅爾布萊特提案、經國會通過成立的國際教育交換計畫，六十多年來，透過人員、知識和技術的交流，促進美國人民和世界各人民的相互瞭解。如今，大國崛起的大陸政府正在以傅爾布萊特式的姿態召喚臺灣青年。毛澤東的名言：「青年是早上八九點的太陽。」臺生寒暑假赴陸交流從過去的夏令營模式進化到企業實習，今年大陸的「金鷹暑期實習專案計劃」由國台辦聯合銀保監會、證監會主辦，由各地方金融機構承辦，邀請臺灣的大學生直接進入大陸的銀行、交易所進行實習，這個暑假累計有500位臺灣大學生參加這個項目。做爲一線的參與者，看到臺灣學生的天眞、積極、危機感伴隨令人驚豔的創意，這是臺灣青年的優勢和閃光點，可惜臺灣提供不了太多機會給他們發光發熱，作爲常年奔波於大陸的臺灣金融人士，內心有惋惜也有期待。

臺灣金融業產值占GDP的比率持續下降，從二〇〇〇年的12.8%降到二〇一四年的6.61%，而同期香港、新加坡及南韓金融業占服務業GDP比都呈上升趨勢。金融行業的萎縮意味著就業機會的減少，同時臺灣銀行業在高度競爭中，已經無暇去釋放更多的實習機會來培育本土的金融人才，反觀大陸是以國家的力量來培養臺灣子弟。在世界一流的交易所，爲臺灣學子做教育訓練，讓他們和世界一流的人才比肩工作，墊高臺灣學子的未來。以鄭州商品交易所爲例，招募人才的起點是碩士研究生，四十人的工作職缺吸引來一萬人應聘，最後在千軍萬馬中海選出來的菁英含金量有多高？臺灣的金融機構實習生一般只開放給頂尖大學的學生，一般大學學生基本上第一關就被刷掉。如今大陸並沒有設立太高門檻，讓臺灣學生廣泛參與頂尖金融機構的實習，學生還是相當珍惜機會。他們能夠和實習單位建立良好溝通，開展全球化的視野，深度領會博大精深的中華文明，融入現代化的大陸城市，深刻參與到金融機構的一線工作。

臺灣學生要的是機會，大陸要的是融合，臺北當局在政治博弈中受制於北京強大的外交、軍事、經濟力量。在兩岸的制度之爭之中似乎顯得老態龍鍾，剩下溫情呼喚和幹話連篇。臺青赴陸發展與對臺灣本土的熱愛與認同並不衝突。民進黨政府的苦口婆心示警在大陸的種種風險似乎無法阻絕臺青赴陸的熱情，連續舉辦十四年的全國臺聯千人夏令營今年在北京會師，規模更勝往年。臺灣民主、自由環境當中的成長經驗，包含臺灣社會整體的敬業精神，應是臺灣青年在大陸發展的差異化競爭優勢。大陸的傅爾布萊特計畫顯然擊中臺灣學生的痛點，在年復一年的推動中，這種量變到質變的過程勢必形成未來兩岸融合的新基礎。

正視現實：爭取有尊嚴的臺灣方案

中國大陸在三大戰役後通過不同模式來達到國家統一的目的，其中有「北平模式」是國軍投誠和平的進行整編，「綏遠模式」是國軍起義後經過一段時間後再進行改編，「天津模式」是兩方進行正面的軍事較量，近代以外交談判取得主權回歸的港澳模式。正面的軍事衝突是臺海雙方乃至於國際社會不願意面對的情況。翻開臺灣的歷史，在不同政權更替中，臺灣菁英階級始終扮演極爲彈性的角色，往往不是揭竿起義，而是妥協共榮。當台獨群眾和當權派集體叫囂法理台獨的同時，勢必挑起中國大陸的敏感神經。經濟制約足以撼動臺灣的庶民生存空間，外交封鎖已經讓臺灣失去更多國際參與的機會，連呂秀蓮前副總統都公開質疑當前政府的外交政策，軍事恫嚇足以威脅臺海的穩定與臺灣內部的分化。

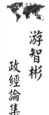

臺灣經過李扁兩朝的折騰，整個社會從反共走向反中的道路一去不回頭。然而，臺灣卻有數以百萬計的台商和臺幹前仆後繼西進發展，他們搭載大陸發展的順風車扶搖直上，同時也有一批在大陸產業升級和環保抬頭的浪潮中敗下陣來。儘管如此，臺灣人到大陸發展的熱情並沒有減退。以臺灣新生代青年赴陸發展爲例，二〇一八年臺青在福建省就業已達5,607人，各省祭出惠臺政策不斷加碼，西進熱潮沒有退卻。國台辦在二〇一五年分三批成立二十二個「峽兩岸青年創業基地」與「海峽兩岸青年創業示範點」。已陸續吸引了6,851家兩岸青年新創企業。其中臺灣青年接受輔導就業創業者多達3,535人；而前往各創業基地參與各類活動人數則將近2萬名。

根據經建會統計，一九九一年至二〇一七年台商對大陸投資金額累計爲1827.2億美元，即到二〇一七年底，台商對大陸投資金額總計爲1827.2億美元。商業總會理事長賴正鎰預估，這幾年台商在海外賺的錢超過新臺幣三十兆元即約一萬億美元，如果以大陸投資占台商海外投資總額的60%計算，則在大陸賺的錢超過六千億美元。台商對大陸投資規模巨大是事實（累計至少超過兩千億美元），在大陸數十年積累了龐大的財富也是事實，台商在大陸投資賺取巨額利潤也是事實，這些利益還不包括臺灣對大陸貿易賺取累計超過上萬億美元順差。

習近平在慶祝中國共產黨成立九十五周年大會上提出四個自信，即中國特色社會主義道路自信、理論自信、制度自信、文化自信。大陸的國力發展與人民自信正在同軌增長，這個增長並不是憑空幻想膨脹，而是來自與實際的財富增加與消費升級，他們今天看臺灣與二十年前有非常大的區別。今天大陸的大小城市高樓拔地而起，回顧臺灣的投資暗淡。正視兩岸經濟力量消長，大陸三十一個省今年上半年GDP資料，廣東逾五兆元人民幣，連續三十年居各省之冠，預估今年有望達十兆元（約1.42兆美元），屆時將超越墨西哥，成爲西班牙之後的全球第十五大經濟體。目前廣東、江蘇、山東、浙江、河南等五省的GDP總量已超過臺灣，預估四川明後年也有機會超越臺灣；此外，深圳、蘇州、無錫、珠海與廣州等城市人均GDP也贏過臺灣，還有不少城市緊追在後。

從東西方歷朝歷代的歷史長河來看，國家的統一過程難免是成王敗寇，充滿血腥和暴力。從政治學來看，國家本來就是最大的暴力組織，他有軍隊有員警系統有武器。當台獨人士高喊鎭壓人民的政府沒有好下場的同時，我們不禁要想想，分裂國家的暴民就要有好下場嗎？暴民翻身成爲當權派的時候不也整整碗端走，開始黨同伐異排除異己嗎？統一有很多模式，香港能夠「舞照跳，馬照跑」，難道臺灣統一不能保留現有的生活模式？習近平提出兩岸統一要心靈契合，心甘情願，就是底線不要台獨。正視臺灣當前困境，統獨激化會帶來選票，同時帶來臺灣的內耗和競爭力下降。統一雖然不是萬靈丹，但是台獨帶來的傷害已經讓庶民有感了。

60歲退出中常委藍綠兩大黨都以共產黨爲師？

臺灣的政治發展全球矚目，往往以亞洲民主典範自居，其背後卻不乏中美兩大強權在輿論陣地的爭奪戰。美國國務院、國務卿蓬佩奧祝賀總統蔡英文順利贏得連任，同時讚揚臺灣擁有自主、健全的民主制度，也強調臺灣是「印太地區的典範，以及世界上一股正向力量」。然而，在這個政治風起雲湧的蕞爾小島，民主進步黨從意識形態操作到農村包圍城市，一路從台獨等於臺毒的論述泥沼走出直至兩次成功執政，仔細比對，路線鬥爭與統一戰線不乏與中國共產黨心照不宣的雷同。政治明星柯文哲以白色力量崛起，成功將臺灣政治導入賓士型的新結構。柯文哲是臺灣旗幟鮮明引用毛澤東自勉兼勉人的政治人物。柯文哲向毛澤東學習，有許多實例，像是一日雙塔、爬七星山，都有毛澤東泳渡長江的影子，都是用體能炫耀來展現政治意志力。在大陸被共產黨打到落荒而逃的國民黨，在二〇二〇年危機存亡之秋，也喊出六十歲退出中常委的驚人宣示，希望重拾民心再出發。中共政權在大陸建政七十年來，爲避免權力過度集中，第二代領導人鄧小平時代即立下「集體領導」、「隔代指定接班」潛規則，隨後第三代領導人江澤民又設下「七十歲畫線」與「七上八下」，成爲近年推測中共政治傳承的主要根據。種種跡象顯示，臺灣的美式民主是表像，政治內裡更多的恐怕是中國共產黨的政治追隨者。這是中美在貿易戰背後更深層一種霸權之爭，從經貿到意識形態，無孔不入。

民進黨當年進行「黨外」活動時，因爲反對國民黨政權，而對打敗國民黨的中共黨史甚有興趣，在「白色恐怖」高壓之下偷偷閱讀毛澤東的著作和中共黨史，他們對毛澤東的各項戰略戰術甚有興趣並予以靈活運用。九十年代，民進黨主席許信良等人仿效毛澤東的「農村包圍城市」戰略，提出「地方包圍中央」策略，亦即先行奪取縣市長等地方政權，以利用行政權與組織優勢，奪取中央政權。果然，在一九九七年的第十三屆縣市長選舉中，一下奪下十三個縣市，爲二〇〇〇年陳水扁拿下「中央」政權奠定了組織基礎。在踏入二十一世紀後，「地方包圍中央」的策略再次被運用，在二〇一四年的九合一選舉中，民進黨也是一舉奪下十三個縣市，這也成爲二〇一六年贏得總統大選，實現全面執政的重要原因之一。

國民黨懼怕「老人政治」的海嘯席捲必然需要猛藥。但是猛藥有沒有效果也是存疑，可是猛藥不下，一定沒有效果。「老人政治」的悲劇在人類政治史上可以說俯拾皆是。蘇聯瓦解前的喪鐘，「老人政治」便是罪魁禍首，蘇共領導人在兩年之內三次葬禮，蘇聯的「老人政治」，將這個國家送進了墳墓。二〇〇四年連宋配競選總統之時，馬英九的市政團隊顧問團，即使身負臺北市的輔選大任，依然有頭面認爲不斷在內部高喊不屑「老人政治」。普羅大眾有一個共識就是連宋配敗與陳水扁的「兩顆子彈」，但是筆者參與輔選觀察，連宋配從早期的過半支持度打到終場和對手陣營難分軒輊，這裡面必然有以馬英九爲首的中生代懼怕「老人政治」讓自己失去機會，難免有「出工不出力」導致氣勢大好到功敗垂成。共產黨對於「老人政治」的提防便是在年齡上劃線，讓有志於此的老人能夠知所進退，也讓接班的梯隊減少鬥爭，循序漸進，魚貫而入。國民黨敗選後提出報告指出「本黨不受青年選民青睞」是七大敗因之一。國民黨代理主席林榮德拋出震撼彈，預告將要求年齡超過六十歲的中常委全面退出中常會。從林榮德的邏輯來看，當然也有擺脫「老人政治」的決心，其中也不乏師法共產黨的制勝之道。任何政策或是策略的成形都需要有完整的配套，民共兩黨對於青年群體的重視程度高於國民黨，既是傳統也是利益結構所致。國民黨從大陸到臺灣，傳統的黨內權力結構都是以政治經濟菁英階級和地方鄉紳派系爲脈絡，沒有背景的年輕人對國民黨產生天然的社會剝奪感自是必然。傳統的國民黨缺乏換血能力，更缺乏造血能力。

國民兩黨在臺灣的政治鬥爭已經進入「看到紅色就要開槍」的境界，選戰時期把中共當成洪水猛獸。一旦選後，國民黨公職勤於交流圖謀和平紅利，而民進黨也一邊大聲仇中抗中，一邊默默賺人民幣。當然中國共產黨有更高的戰略高度，台獨是底線加紅線，沒有大力開刀獨派在大陸賺人民幣的利益。整個共產黨對臺決策體系認爲統戰的最高精神便是「敵人要少少的，朋友要多多的」。有個臺灣年輕人到大陸交流問大陸同胞說，你們反台獨怎麼不反台獨在大陸賺人民幣？人家說：「我們幹嘛要去反對台獨人士過來賺人民幣，等我們統一的時候這些台獨可能比你們還要統」。

韓流馬上打天下　能否馬上治天下

從選前三山造勢到選後六月四場造勢，動員百萬人潮，證實韓流依然波濤洶湧，沒有退燒，也證明韓國瑜確實是藍營近年來難得的造勢王、人氣王。過去民進黨溫情加悲情造勢，常常是把國民黨的動員式造勢壓著打，如今韓流大有翻轉藍綠造勢戰的格局。原來以中產階級和經濟選民爲支持結構的藍營往往比較理性和矜持，臺灣歷經兩次政黨輪替，國民黨的權貴色彩逐漸退卻，綠營以轉型正義之名對國民黨的窮追猛打，將國民黨打成庶民階級。韓國瑜的草根形象能夠呼召庶民和蔡政府施政不力的兩相對比，庶民歸隊藍營，形成鋪天蓋地的韓流在全省遍地開花。

《漢書》記載：賈時時前說稱《詩》、《書》。高帝罵之曰：「乃公居馬上得之，安事《詩》、《書》！」賈曰：「馬上得之，寧可以馬上治乎？且湯、武逆取而以順守之，文帝並用，長久之術也。」造勢是臺灣選舉的溫度計，也是候選人開放給選民的櫥窗，沒有造勢能力或是沒有個人魅力的候選人往往在選票的表現上令人擔憂。然而今天的韓國瑜應該開始思考「馬上打天下，能否馬上治天下」？韓流造勢可以取大位，而接下來的政府治理，內政、外交、國防、兩岸，韓國瑜團隊準備好了嗎？從自貿區議題的中央、地方對打，到登革熱爭取預算被蘇貞昌修理，然後又有陳其邁回高雄允諾補助，其中政治操縱鑿痕斑斑。我們從韓市府發布的新聞稿中看見政策說帖，顯然沒有經過非常系統嚴謹的組織與整理。馬政府時期研究兩岸經貿的專家學者多如過江之鯽，其中不乏學有專精的仁人志士，國民黨的外圍智庫投閒置散多時，是該好好應用起來的。從韓國瑜的造勢場合看來，激情與熱情並進，實質的政策牛肉與願景依然沒有看見。

政策議題的提出與政策執行的成熟度，需要各領域專家的問題研究與專業見解。哪怕是一黨獨大的大陸當前政體，政策的形成依然有嚴謹的智庫評估與民間意見，進而形成完整的施政依據。馬政府時期兩岸、外交、經濟決策，高度仰賴亞太和平研究基金會（APS）、遠景基金會（CIPF）、「中華經濟研究院」（CIER）三大智庫，其中不乏馬的幕僚與門生故舊等心腹，未來韓國瑜競選團隊的進一步擴編應該著手在於智庫的整編與影子內閣的成形。光有人氣沸騰的造勢和動人的庶民語言，固然可以贏得鎂光燈追尋與選民激情，然而眞正的政府治理需要專業的智識與政策執行力，建立影子內閣是韓國瑜當前不能逃避的眞命題。民進黨兩任市長在高雄的治理即使煙花絢麗，為城市市民贏得光榮感，二十年仍難以掩蓋經濟蕭條的困境，城市競爭力與港口排名同步下滑，落得高雄又老又窮的權力翻船。這是韓國瑜團隊的前車之鑑，不可不慎。

智庫，是一個健康社會思想創新的泉源，也是一個國家軟實力的重要標誌。隨著智庫在經濟社會發展和國際事務的處理中發揮越來越重要的作用，其發展正成爲治理能力的重要體現。智庫作爲政策創新、研究諮詢與政經風險評估機構，向政府部門與準決策者，提供政策評估與建言；韓國瑜馬上打天下的功夫已經得到廣泛認可，二〇二〇年的選舉是否能夠行穩致遠，進一步的呼召臺灣社會賢達與專家智庫，提出有力的政策說帖，眞正讓庶民改善生活，調整臺灣產業結構，突破當前低薪與政治對立，才是韓團隊的眞本事，也才是臺灣庶民之福。

江啓臣領導的國民黨就能吸引年輕人嗎？

江啓臣以國府遷臺後最年輕榮登國民黨主席之位，媒體諸多評價都是國民黨在世代交替，期待江能振衰起敝，挽救國民黨於存亡之秋。國民黨在馬執政後期已經呈現氣數將盡，韓國瑜的出現只是讓國民黨短暫回光返照，果不其然二〇二〇年選後，國民黨眞的趴在地上，中央無戰將，稍有戰鬥力的已經在黨內被鬥的遍體鱗傷，地方黨部無資源，黨產被洗劫一空後的黨工拿錢辦事，士氣低落。

江啓臣的世代交替之姿眞能喚醒年輕人對國民黨的支持嗎？恐怕會是鏡花水月，國民黨的改造絕非是世代交替，而是整個生態的汰換，世代交替都是官二代富二代，那是哪門子的世代交替，臺灣的失落世代22K群體依然看不到天日啊？爲什麼國民黨就是吸引不了年輕人？往遠的談，羅文嘉和林奕華是同時期的臺大青年才俊，當民進黨的羅文嘉已經是中央部會的首長，國民黨的林奕華還在市議員行列中踏步，論資排輩是國民黨的文化，往好的說是人才梯隊有序建設，往壞的說是很多年輕人根本熬不住看不見機會，又怎麼能在國民黨的體系中發展呢？筆者曾經參與國民黨史無前例的首屆青年團總團長甄選，別開生面的交由社會公正人士擔任評審，今天的江主席和已經貪污落馬的林益世都位列評審，其中插曲便是某評委不屑其中規則憤而離開，當然這場戲還是要照常演完，同時在國民黨黨部參加甄選面試的十位候選人行禮如儀的接受了評審團的個別面試，最後公布的當選人就是等候室裡被百般揶揄的「內定人選」。重點是當天的慶功會上，新上任的總團長馬上被告誡，最好的策略是什麼都別做！一個大費周章選出來的總團長應該是要驍勇善戰，擺出改革氣勢，然後海納百川的爲國民黨青年人才建設赴湯蹈火，肝膽塗地才是，怎麼選完要人家什麼都別做，這難道是馬金政權體系下的一場遊戲一場夢？甄選落幕，按照國民黨的規則，落選的另外九人，分別接受國民黨的一級主管安慰和鼓勵，當時的馬英九跟前紅人蘇俊賓找我去辦公室安慰，說國民黨需要一個生態，不要輕易離開！然後就不了了之繼續辦理若干屆青年團長甄選，當然這些被視爲青年才俊的落選者也就各奔前程忙起自己的人生。日前Google了一下當時給我安慰的前輩蘇俊賓，猛然發現他跑去賣房子啦！一個政黨的生命力在於新陳代謝和內部鬥爭。國民黨的新陳代謝往往脫離不了世襲政治，偌大的政治家業不給自己的孩子那要給誰呢？國民黨的內部鬥爭往往淪爲內鬥內行外鬥外行。

國民黨需要改革的恐怕不是世代交替而已，更應該審慎評估的是如何改變整個生態和文化。臺灣社會在藍綠鬥爭中已經看見世代的分化，國民黨並沒有爲年輕人帶來新的氣象，一路走來，在意識形態上跟著民進黨拿香對拜，對於民進黨的抗中保臺論述毫無招架之力。國民黨的年輕人除了歎息和內鬥還能如何？反觀民進黨的年輕人高歌猛進，江啓臣所領導的國民黨在新世代選民爭奪戰中是另闢戰場還是偃旗息鼓？

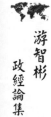

從美國的反智傳統到臺灣的「吳子嘉」現象

《美國的反智傳統》一書指出，「反智」不只是一時的民粹現象，也未必只是理盲躁動，它反映了美國人在特殊歷史與文化背景中形成的傳統；曹雪芹的《紅樓夢》中的一幅對聯：「假作眞時眞亦假，眞作假時假亦眞」。中美的經典對照，回頭看看今天臺灣政壇爆料滿天飛，眞眞實實的回應了《紅樓夢》與美國反智的寫照。美麗島電子報董事長吳子嘉爆料高雄市長韓國瑜外遇生女，原本預告將要公布更重大內幕，隔日卻改口說，並沒有要繼續爆料，甚至還稱讚韓國瑜的造勢大會很成功，同時公布民調顯示韓國瑜支持度依舊領先群雄，穩居第一！看起來顚三倒四的政治急行俠吳子嘉，爲何能在臺灣政壇翻雲覆雨，昨是今非甚至今是昨非，即使烏龍爆料也未折損其媒體威望。一來他長期以個人財力與智力支撐電子媒體，將美麗島電子報變成家庭作坊經營，二來吳子嘉是地球上最瞭解民進黨派系內部鬥爭的深喉嚨，三來吳子嘉確實是臺灣罕見的政治神童與商業金童。雖然吳已經六七十了，但是用神童和金童，絕對是美譽。

爲何說吳子嘉是政治神童，他一方面作爲民進黨資深黨員，甚至當過許信良任民進黨主席時期的財務長；另一方面他也與中共交好，作爲共產黨最信任的民進黨人，兩次獲邀參加中共閱兵大典，長期主張兩岸統一希望在民進黨。理由是臺灣只有兩黨，只要國民黨的任何提議，民進黨通通都反對。哪一天民進黨主張兩岸統一，臺灣沒有反對的聲音。民進黨的派系鬥爭，利害糾葛割喉見骨，世界上沒有人比吳子嘉更深入瞭解。美麗島電子報在民進黨的派系鬥爭中，既作爲助燃劑，也作爲爆料平臺來強化媒體的品牌能力，關鍵時刻，往往能夠扮演臨門一腳的角色，讓一方轉敗爲勝起死回生，美麗島電子報往往在兩強相爭的緊要關頭價值非凡。以二〇一二年民進黨黨內總統初選蔡英文與蘇貞昌相爭之下，蘇系大將桃色事件曝光讓蘇大爲光火，輸的很不爽。這是美麗島電子報的魔力所在，他已經成爲綠營內鬥的品牌擂臺，所以自成立以來無役不與，蚌鷸相爭盡收漁翁之利。

世界級管理學大師彼得·德魯克說：當今企業之間的競爭，不是產品和服務之間的競爭，而是商業模式之間的競爭。吳子嘉的媒體經營模式絕對是彼得·德魯克的標杆定義之一，可以稱其爲商業金童，據說他在年輕的時候已經從股市賺了很多錢，後來經營媒體，栽培政治新秀，培植豐厚的政商媒體資源。他的美麗島電子報經營模式先以政治過氣的大咖許信良爲大旗，集結台獨大師林濁水和李敖之流先爲電子報的定位奪得理性和高級知識菁英的形象，接著廣邀兩岸學者名家爲其供稿，短時間內累計聲望與知名度。表面以兩岸關係爲議題主導，名爲中立客觀知識菁英代言的兩岸知性媒體，實爲政治爆料與政爭擂臺。在臺灣非藍即綠的媒體生態中頗具特色，即使爆料不一定精準，但往往具備實質殺傷力。政壇政客對其往往又愛又恨，愛時他是一把射穿敵人心臟的箭，恨時他便是敵人刺向向自己的一把利刃。

正是因爲臺灣民主化歷程與美式民主的帶來的利弊，民進黨奪權後的斑斑血淚與派系割喉慘戰，加上臺灣特殊的媒體生態，所以有美麗島電子報這樣的媒體空間。媒體是個怪獸，成也蕭何敗也蕭何，美麗島電子報從綠營派系鬥爭擂臺轉化成左右臺灣政局的影舞者，仔細一看，他是吳子嘉孤軍奮戰，高歌猛進的媒體神話，眞的不得不要佩服一個時代的政治神童與商業金童——吳子嘉。

反中意識制約臺灣青年的發展

林金源在《反中意識毀了臺灣青年》一文提到大多數被反中意識洗腦、摧殘的臺灣下一代，他們不願理性、客觀地認識大陸與臺灣的關係，也無法暫時擱置極端強烈的主觀意識，好好跟他人論理。臺灣的未來，就交在這些年輕人的手裡，夫復何言？長年服務國中社會科的補教名師游勇指出，臺灣中學生有一半以上支持台獨。台獨，就意味著與中國大陸做對抗，要與世界五分之一的人口爲敵，細思極恐。臺灣反中教育功效卓著，學者如螳臂擋車，青年學子陷入無謂的中、臺對抗泥淖，眞是可悲可嘆。那些官居高位的台獨主張者，無論金孫也好，貴子也好，他們的子弟不當兵，卻高喊要和共軍殊一死戰。反中意識卻如同教育地溝油一代一代腐蝕臺灣學子的心靈。世界這麼大，一開始便不分青紅青紅皂白，與世界五分之一的人口爲敵，捂住眼睛不看人家的發展和實際情況；世界這麼大，非洲和印度你不一定想去，歐美有語言的障礙你不一定去的了，中國大陸與臺灣同文同種，市場廣闊人口眾多機會也多，你卻偏偏關上大門要坐臺觀天，然後像希臘悲劇一般在政治激情過後回歸困頓的現狀。

青年失業是社會連呼吸都感受得到的痛，主計總處發布二〇一八年二十到二十四歲的失業率高達12%，雖然較前年下滑0.4個百分點，高於十年前金融海嘯時的青年失業率11.9%。顯示長期以來，臺灣每十個年輕人就有一個以上面臨失業。景氣低迷時拉升失業率並不可怕，令人擔憂的是，在經濟情勢好轉後，整體失業走低的趨勢下，能否連帶降低青年失業率，居高不下的數據演繹「失落世代」的無奈。我們的政黨政治承襲了美式民主的民粹，卻沒有把美國的精髓帶回臺灣。季新吉說美國眞正的偉大之處是他們把敵人打敗，然後又把這些國家帶回國際社會大家庭。今天臺灣的政治完全走焦土戰略，把你打敗了，然後權力整碗端走，接下來再把你株連九族斬草除根，讓對手爬都爬不起來。

在這樣的政治對抗困境中，年輕人，誰在乎你？反中會爲部分政客帶來權力的果實，他們一手在臺灣號召你反中獨臺，另一手在大陸經商賺人民幣與大陸交好，把你作爲與大陸談判的籌碼。大陸某官員被問到爲什麼容許台獨勢力在大陸賺錢，他回答很簡單：這些台獨勢力等兩岸統一的時候，他們比統派還統派。當你在低薪中掙扎，當你在助學貸款中彷徨，政治領袖無能爲力只能告訴你：去找你的老闆談判。

有一句流行語，莫讓貧窮限制你的想像力。今天，臺灣青年是否應該思考；反中是不是已經限制你的想像力？北大滙豐商學院教授任壽根提出：青年發展需要把握好三個座標——區域座標、時間座標、行業座標。在青年失業高居不下的臺灣，青年朋友是否應該認眞想想，你的發展座標在哪裡？與人爲善和與人爲敵就在一念之間。那些在太陽花高舉反中旗幟的青年默默走進大陸，謀職或加入參訪團，與他們在臺上的反中英姿判若兩人。我們是否應該更加理性的思考個人發展和大陸在崛起之中的變化，你的思維應該建立在實事求是的親身體驗與愼思明辨，而不是全盤囫圇吞棗反中政客嘴裡吐出的華麗辭藻與謊言。

仇中發酵臺灣青年競爭力正在崩壞

這個標題不是危言聳聽，更不是無病呻吟。筆者自二〇一一年近身參與觀察兩岸高校實習生的競爭力消長。以兩岸一流大學的學生在同一實習場景來比較，就足以發現臺灣青年競爭力正在加速崩壞。對岸的清華北大學生所表現出來的自信謙和禮貌正顯示著大陸國力的崛起與大國格局。同一個月我所參加的另一場實習開幕儀式，在學生發言階段，由臺灣首屈一指的頂尖大學臺大熱門科系學生擔綱，其上臺發言內容照本宣科也就算了，居然把手機放在發言臺，看一句，說一句，儼然一個小學生莫名被推上講臺，勉強而吃力且磕磕巴巴地把那些詞念完，全程沒有看臺下，發言不知所雲，坐在第一排的大陸官員和金融高管面面相覷，搞的兩岸主辦方尷尬不已。從這個問題折射的是兩岸主辦方在活動籌備中的細節安排不夠，當然更深層次折射的是該生這種發言水準爲何願意上臺自曝其短，同團來自臺灣高校的學生爲何對整個發言環節事不關己，沒有更好的人才去爭取發言機會。大陸學生積極主動陽光勵志，臺灣學生消極被動顯得靦腆沒自信，是我在今年實習中看到的兩個極端深化。唯一可以勉強安慰自己的是，畢竟十四億人中的菁英與兩千三百萬中的菁英是難以等質齊觀的。

細思極恐，短短三十年，那個光彩奪目的亞洲四小龍寶島臺灣沉淪了？臺灣青年曾經的優越去哪裡了？來來來，來臺大，去去去，去美國的臺灣青年菁英寫照一去不復返嗎？二〇〇八年謝長廷競選總統的負面口號：查甫找無工，查某找無尪，囝仔要去黑龍江。在民進黨的繼續執政下，臺灣人去黑龍江打工的惡夢成眞了。

臺灣一流的學生因爲教授講述中國經濟數據，視爲爲匪宣傳，拒絕在踏入課堂以表抗議，殊不知這個對抗，抗掉卻是自己的未來。綠營爲獲取政權長期以仇中反中的去中國化教育政策奴化臺灣莘莘學子的意識，形同教育地溝油一代又一代的毒化著臺灣子弟。鞏固的是綠營政權，失去的便是這些被去中國化教育固化的臺灣青年競爭力。他們甘之如飴吸食綠營的教育嗎啡，自動關上中國大陸的大門。殊不知綠營權貴卻把子弟送往大陸一流高校深造，繼續父輩的兩岸政治餘蔭與人脈，好面對未來兩岸格局變化買好雙重保險，構建家業長青的穩定根基。

與此同時，大陸科技公司華爲要打贏未來的技術與商業戰爭，技術創新與商業創新雙輪驅動是核心動力，華爲總裁——任正非開出千萬台幣年薪給他們最優秀的博士畢業生，公然向Google叫板搶人才；回頭翻看臺灣青年失業率，主計處公布二〇一八年二十到二十四歲的失業率高達12%，雖然較前年下滑0.4個百分點，高於十年前金融海嘯時的青年失業率11.9%。一邊是高薪蓬勃，一邊是低薪高失業率，當台獨權貴把期望寄託在中國大陸崩潰的鏡花水月中，一次又一次的預測失準依然樂此不疲，而年復一年臺灣青年競爭力流失的事實卻是如影隨形。

二〇二〇年大選來了，選戰勢必在發大財與抗中的口水中浮沉，臺灣的政治領袖是庶民當道還是菁英引領？唾棄菁英治理的民粹主義正在席捲全球，作爲美日馬前卒的臺灣當然難以倖免。當前高踞廟堂之上的兩黨菁英，在爭權奪利之後可曾想起你的使命，是讓社會更美好？還是青年更潦倒？呼籲選民從新檢視一下臺灣的教育政策和大陸政策，我們的年輕人還要繼續衰敗下去？只能說「驕傲和不捨」的政府恐怕在耍流氓？

不以結婚爲前提的戀愛都是耍流氓，只能說「驕傲和不捨」的政府恐怕也是一種耍流氓！針對波特王事件，民進黨新聞發言人痛批臺灣年輕人赴陸尋求中國夢恐怕是一場噩夢，因爲民主歸民主，極權歸極權，但言論自由已經是臺灣人的DNA，二〇二〇年選票可以選擇大家要的生活方式，也可以築城護國保臺的保護網，希望大家用選票做出決定。民進黨發言人戴瑋姍更說，在中國所有事情都會回歸政治，沒有人有眞正的自由，爲波特王感到驕傲也不捨但沒有人應該要爲自己的認同道歉。

抹黑大陸可以反射臺灣進步？

大陸人民的「專制和黑暗」宣傳好像回到兩蔣時代，拜現在互聯網方便之賜，稍微有點上網能力的人應該都能瞭解大陸的實際情況。中共建制下的中國大陸，經過七十年的折騰和建設，確實有他們的一套適合自身社會的政治制度和發展模式。他們自己認同且反覆實踐論證的民主制度和政治制度，在西方世界瀰漫民主沒落困境的情緒中。中國大陸在十九大報告中高調論述「四個自信」是習近平新時代中國特色社會主義思想的重要內容。「四個自信」即道路自信、理論自信、制度自信、文化自信，既不走封閉僵化的老路，也不走改旗易幟的邪路，保持政治定力，堅持實幹興邦，始終堅持和發展中國特色社會主義。

一九九四年，大陸GDP總額是4.86萬億元人民幣，而臺灣GDP總額換算人民幣則爲2.2萬億元，相當於大陸的45.2%；而那年廣東省GDP爲4,619億元人民幣，僅占臺灣的21%；故此，李登輝先生說「臺灣錢，淹腳目」，要把臺灣經濟發展的經驗傳授大陸。隨著時間流轉，二〇一八年大陸GDP總額增至13.6萬億美元，臺灣GDP爲5,893億美元，占大陸GDP的4.3%，約等於廣東省的四分之一，和大陸所有省市相較，甚至

已落居第六。二〇一九年第一季，臺灣GDP爲1,446億美元，同比僅增長1.7%，以此速率，不用兩年就會落在湖南、河北、福建後面。我們一方面羨慕大陸高速發展，但更應警醒的是如何審視臺灣的衰退：爲何臺灣人民勤奮如昔，經濟發展卻停步不前？富裕不再？

從筆者往返兩岸比對大陸的種種跡象顯示，大陸當前政府的務實面對國家困難的解決能力不斷提升，在互聯網技術浪潮的推波助瀾之下，城市治理與人民政務服務確實都出現質量極大的跨越。以杭州爲例，城市大腦已上線的智能交通、便捷泊車、舒心就醫、三十秒入住、二十秒入園、數字旅遊專線、應急防汛、葉菜基地管理、食安慧眼、電梯智管、易租房、智慧環保等十一個重點領域三十七個應用場景，無不從惠民利民著眼，從民生實事切入，讓市民有眞眞切切的獲得感，改善了生活品質，提升了幸福指數。

當我們還在喊「六歲以前國家養」的政策同時，大陸都會區的年輕父母已經使出吃奶力全力賺錢，以每次千元台幣代價送孩子進入嬰兒游泳池，讓他的孩子享受國際一流的游泳訓練。周末的青少年活動中心，是大陸家長川流不息的帶著孩子學習各種才藝和外文課程。試想我們臺灣的孩子和大陸的孩子是站在同一個起跑點？不禁要爲臺灣的下一代憂心？政府提供福利政策很重要，更重要的應該是要建構一個更好的經濟環境，讓人民賺的到錢，用他們自己的錢來培養自己的孩子，不是更有效率？

回頭看看我們的執政黨民進黨諸君，手持國家機器，肩挑輔選大旗，不以執政建設爲依歸，從事黑韓黑陸的抹黑產業鏈不遺餘力。極盡所能餵養綠營支持者政治地溝油，踐行自己的權力保衛戰。連高居廟堂蘇貞昌行政院院長都淪落成要拿掃把捍衛臺灣對抗大陸，連掌握黨部機器的羅文嘉祕書長都要呼籲人民拿起鍵盤捍衛臺灣對抗大陸。民進黨祕書長羅文嘉說，現代爸媽爲了讓孩子呼吸自由空氣，必要時須拿起武器捍衛家園，用鍵盤與關懷，不讓腦袋被霸占。

一個執政團隊有國家機器有軍隊，你都不敢用，還在用反對黨的叫囂思維治理國家，你要不要回到街頭去抗爭？這恐怕是中華民國之不幸，臺灣人民之不幸。臺灣社會的好壞不能光靠「天佑臺灣」，天佑臺灣不會掉下金錢與實務，每一個臺灣的百姓都需要有勤奮的雙手餵飽自己和家人，我們拜託民進黨，政權在手就好好治理，不要再用愛發電，用「幹話」維持政府機構的運轉。

罷韓 一場綠軍主導的「泰國式政變」

泰國是世界上軍事政變最多、權力交替最頻繁的國家之一。泰國前任國王普密蓬繼位以來，泰國就發生過近二十次政變。反過頭來看臺灣的罷韓鬧劇，我們是不是進入東南亞的政變旋渦中，只是形式有所不同而已。臺灣罷免制度的缺陷讓有心人強加利用，將讓臺灣政治與社會走入泰國式的動盪，八十七萬票當選，五十七萬票可以讓你下臺，選戰永無止境，贏的人不能安心執政，輸的人可以捲土重來，這是哪門子的民主？

二〇一八年底九合一選舉，韓國瑜一人橫空出世，達成不可能任務的拿下綠軍長期執政的高雄市，連帶促成泛藍大勝，以「一人救全黨」的英姿漂亮翻轉高雄，短短一年多來歷經領導人選戰敗走，馬上淪爲落水狗，完全呼應了孔尚任《桃花扇》的經典名句：眼看他起朱樓，眼看他宴賓客，眼看他樓塌了。究竟是什麼樣的因素讓韓國瑜短期間崛起的政治能量一下子崩塌。不得不承認民進黨的鬥爭性完完全全的在臺灣碾壓所有政黨。民進黨的贏是不擇手段的贏，在尚稱文明的臺灣社會，「割喉割到斷」這樣的野蠻行爲居然是民進黨權力殿堂中平凡的政治術語。實際在政治攻防中，綠營諸君確實也貫徹執行「割喉割到斷」的政治謀殺，連罷免韓國瑜的戰法都是如此。唯有讓對手害怕，才是眞正的不戰而屈人之兵，民進黨的戰略無疑是成功的，戰法更是致命的，不管動用政府機器追殺還是媒體攻擊，棍棒旗下，殺人見骨就是讓對手連反擊的勇氣都沒有。

柯文哲曾生動的描述，國民黨把選舉當副業，民進黨把選舉當職業。確實，曾經作爲全球最富有政黨的國民黨家大業大，黨國一體化下的黨營事業足以喂飽眾多黨工黨棍，選舉只是他們的例行公事，荒廢到今日已經形成不折不扣的破落戶，完全失去戰鬥力，柯文哲的揶揄一點都不過分。民進黨穿著草鞋打天下，這次沒選上，就什麼都沒有了，破釜沉舟的決心絕對碾壓國民黨。三十年藍綠爭霸，民進黨已經讓國民黨半只腳踩踏在棺材板上。罷韓這樣一場原原本本的政治鬧劇，居然讓民進黨大綠效率「糾團」搞成一場活生生的「高雄政變」。這個和東南亞的軍人政變完全如出一轍，只是形式有所差異。試問韓國瑜請假三個月投入領導人選舉的罪過，比陳水扁貪污海角七億案更可惡？比蔡英文四年讓臺灣空轉更可惡？這完全是一場假戲演到變眞戲的臺灣政治奇蹟，民進黨窮盡黨國之力，大綠小綠一起幹，就是要把韓國瑜趕下臺。當臺灣政治變成街頭小混混的玩命戰，今天打輸了，明天繼續拿刀拿槍來跟你幹，就是要打到贏才收手。國民黨的救韓力道，就如同自己的前途一般氣若游絲。除了口號，似乎找不出施力點，國民黨沒有驍勇善戰的戰將嗎？國民黨的這些戰將恐怕還停留在內鬥內行中吧！看來國民黨輸掉不僅僅是臺灣這個偏安政權而已，同時輸掉的也是國民黨的未來。

也有人評論，就是讓國民黨徹底瓦解，才能裂解民進黨。國民黨自推翻滿清以後就沒有眞正的團結，因爲國民黨的敵人滿清政府完全瓦解了；而今天的民進黨和臺灣基進黨是以消滅國民黨爲職志，罷韓若是成功，國民黨大概也會慢慢消失在臺灣政壇，那就讓臺灣成爲一個沒有國民黨的臺灣，且看綠營的派系鬥爭和利益分配繼續在臺灣的天空迴旋。

救民進黨　大膽西進蔡搶頭香

一九九二年柯林頓與老布希競選總統期間，柯林頓的軍師——詹姆士．卡維爾創作了「It's the economy,stupid（笨蛋！問題在經濟）」這句口號擊中老布希的要害，讓連任的老布希跌個踉蹌。這句話放在九合一選舉，也可以很適用，不過更精確的說，應該改成：「笨蛋！問題在兩岸」。韓國瑜的高雄勝選奇蹟是建立在「人進來，貨賣出去」，一句話足以十五萬票潰敗綠營深耕二十年的南部灘頭堡，這是兩岸問題所帶來的經濟死結。陸客來臺高峰時二〇一五年的四百一十八萬人次，此後急劇下降，衝擊臺灣的觀光業和農產品銷陸，對中南部的經濟造成重創，引發民心思變。高雄這麼綠的地方可以接受一個這麼非典型的政治人物，顯示政黨政治在臺灣的乏力與不得民心，人民更希望一個稱職的職業經理人，而不是一個血統純正的自己人。

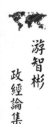

李登輝用戒急用忍政策粉碎王永慶的廈門海滄石化夢，結果臺灣石化業失去先機；陳水扁八年執政以「積極開放、有效管理」政策因應台商大陸投資，結果是台商對大陸投資大幅增長，至二〇〇七年對陸直接投資金額達到691.9億美元，中國大陸成爲臺灣對外直接投資金額累積最多的地區，同時開放許多大陸漁工來臺，也開放大

陸農產品1,414項來臺；蔡英文二〇一六年挾新民意拒絕「九二共識」，兩岸進入「已讀不回」冷對抗，導致中南部選民與觀光業的直接經濟損失回頭用選票教訓民進黨。臺灣對抗大陸的歷史軌跡像希臘的悲劇一般，西西弗斯（希臘語：Σίσυφος；）將一塊巨石推上山頂，而每次到達山頂後巨石又滾回山下，如此永無止境地重複下去。以臺灣選民經濟至上的移民社會特性，「先顧腹肚，再顧佛祖」，對抗的路終究不是「柏拉圖最適合選擇」。

「大膽西進」是民進黨前主席許信良的重大主張。新潮流系洪奇昌主張「臺灣已是主權獨立國家，不應追求法理台獨」。謝長廷不贊成民進黨修改「臺灣前途決議文」，並強調「憲法一中」是對臺海現狀最好的描述。可見民進黨的領袖人物對於兩岸議題是有彈性且具備務實操作性，進一步驗證民進黨的台獨不是理想性，而是市場性，是基於民意或選票算計下的奪權工具。更可以呼應洪秀柱的解讀：臺灣新生代沒有「天然獨」，只有「人造獨」。去中國化的臺灣歷史教育是民進黨試圖加強臺灣主體台獨意識，顢頇餵食臺灣學子「台獨地溝油」，這是臺灣當代最大的政治詐騙運動。

許信良認爲台獨從來就不是民進黨建黨初衷，獨派力量也不是民進黨主流；一九八六年民進黨成立時，費希平等主張統一的人也加入民進黨，當時民進黨是不排斥統一的，也沒有獨立的訴求；二○○○年總統大選陳水扁以「新中間路線」淡化台獨色彩來爭取選票的極大化，都是目的導向的台獨表徵。民進黨內部的傳統政治鬥爭取決於派系實力，「西進派」與「台獨激進派」在歷次較量中明顯敗下陣來，「西進派」如許信良、洪奇昌較務實的兩岸理念並不見容於民進黨當權派，逐漸被淡出權力核心。

以臺灣當代缺乏「睿智型領袖」的政治形態，政黨往往是隨民意走，而不是英明領袖帶領人民向前走。民進黨的台獨是「借殼上市」，民進黨的蔡英文總統也是另一種「借殼上市」，一個國民黨的兩岸政策資深幕僚搖身一變「綠營共主」，足以說明民進黨最大的特色是「彈性」。九合一的民意已經給蔡政府一個較爲明確的方向，對抗並不是一條好的道路。民進黨曾經代表進步與改革的力量，同時是匯聚政治菁英之所在，他的頹廢也牽動著臺灣社會進步的隕落。此時如何挽救民進黨恐怕是蔡英文能否保住二○二○年的心頭大病，以靈活著稱的綠營菁英何不來個髮夾彎，殺個國民黨站不起來。直接擁抱「九二共識」，搭建「憲法一中」，國民黨沒有反對的機會和理由，兩岸和平談判，蔡英文總統來搶頭香。許信良直接轉任海基會董事長，謝長廷回鍋行政院長，保生大帝已經原諒「蘇貞昌」，台獨基本教義派也會體諒民進黨。臺灣社會從此沒有統獨意識形態之爭，藍綠一起賺人民幣，提高人民幸福感，成就臺灣夢，也成全中國夢。藍綠之爭進入「治理能力」之爭，「專業經理人」之爭，臺灣百姓從此安居樂業。

預見二〇一六——兩岸情長路更遠

大陸對臺政策的兩大警訊大選過後，中共文攻武嚇，透過無數管道暗示或明示蔡英文揭露兩岸政策底牌，可以說萬箭齊發，政治經濟兩手策略，陸客入臺遊從臺灣的人數明顯下降，大陸朋友申請自由行入臺更不容易，處處可見中共對新政局的不安與極欲掌控主導權已經做到滴水不漏的境界。然而，中國的古老智慧，講求不戰而屈人之兵：在當前整個大陸興起創新創業的大浪潮中，講求內外兼修的對臺政策創新也許是一條更好的路。兩岸關係錯綜複雜，情長路遠，也許我們可以從新的思維來看見中共對臺政策的兩個警訊。軟實力施展備受挑戰。

不管從國際上乃至於對臺，軟實力施展備受質疑，國企走出去，項目建設備受拖欠債務之苦，甚至發生當地人民質疑資源掠奪的衝突事件不斷；對臺優惠除了看見國台辦鄭立中中南部趴趴走之外，更多的是兩岸和平紅利集中在少數藍綠權貴手上，沒有雨露均霑，導致臺灣大多數民眾對大陸的反感，進一步催化臺灣意識與一邊一國意志。君不見今年AIT在臺灣的新年賀歲影片，從處長到工作人員大唱新年快樂歌來娛樂臺灣民眾，這種手法對官本位的大陸政府體系可能從心態到執行力都鞭長莫及。

理解越深越想分開兩岸交往至今，雙向往來已經達到千萬人次之多，照道理說，往來越密切，經濟互利越多，雙方融合應該越好，那怎麼會結果是臺灣意識越高漲。大陸從民間到關普遍認爲：李扁執政期間大力推動去中國化，包含教科書的改寫等等，促進新一代臺灣年輕人更不願意走向統一。如此『高見』恐怕是見樹不見林，更加凸顯對臺的認識非常薄弱。今天在經濟上用腳投票，到大陸工作或創業的臺灣人不在少數，如果問他們願不願意成爲大陸的一分子，憑良心講應該不多。打從你下飛機的那一刻，你已經感覺兩岸的差別眞大，飛機還沒停穩，一群人趕快站起來拉行李，然後大家都堵在門口等開門。過海關，官員讓你排隊排到死，即使你帶小孩老人，他也無動於衷。你投訴他，寫很多信也沒用，最後信還是轉到被投訴人手上。這種由上而下的官僚改革已經走進崩潰邊緣，所有的改革都是大張旗鼓，所有的行動的都是例行公事。官本位的公務體系依舊在蠶食鯨呑著大多公務人員的良心。當你走進諾大的豪華的高鐵車站，有時排隊排得像爛民營，也不見人員多開幾個窗口爲百姓服務。當你在潔淨又明亮的地鐵等車，你可以看見光鮮亮麗的年輕人在站內吐痰。

反觀臺灣，過去是撈一筆就走移民社會，已經逐步走向土地認同，公務體系已經成爲公僕，人民對政府的要求與自我要求已經達到一個新的平衡。兩岸華人都會有一些與現代文明衝突的陋習，是可以理解的。當臺灣已經從過去的浮躁走向今天的平淡乃至

「小確幸」，但是可以看到的是兩岸人民從生活的細節到價值觀已經出現了諾大的鴻溝。

大陸在三十年高速發展下，國際政經影響力不可同日而喻，然而也付出極大的代價，從環境的污染，盆富差距的激化，既得利益者的高牆不斷築起，缺乏同理心的教育思維，與臺灣形成強烈的對比，是臺灣民心漸遠的主要原因。期許大陸在要一統臺海，需先內外兼修，內修公務體系，打掉重練。外修社會形象，要百姓文明，先讓他們在生活的土地上有認同感，他們可以靠著雙手享受公平的機會進行社會流動，人活著有希望，就能愛土地也能愛人。擁有愛人的能力，同時也能擁有享受被愛的能力。

部落主義鏽蝕臺灣民主

部落主義，「tribalism」一詞是用來描述基於血緣、生產關係、語言交流、族群等紐帶所形成的社會群體之存在方式。從客觀而言，十九世紀以來的工業革命浪潮在世界範圍內孕育了一批批新的「部落」，它們以種族民族、文化觀念、消費習慣、性別取向、財富階級、政治偏好等等作爲他我劃分的依據，將「tribalism」的語義豐富多樣化。

臺灣的選舉政治表徵是民主競爭，核心卻不脫部落主義。國民黨的黃復興黨部成員包括退役官兵及其眷屬，以及行政院國軍退除役官兵輔導委員會所屬事業機構成員，由於其成員占黨員比率高與高投票率，有左右黨內選舉及國民黨初選的影響力。黃復興黨部號稱鐵杆投票部隊，團結一致僅支持特定候選人，且炮口一致，這是部落主義的現象之一。民進黨以民主進步之名，遂行「大閩南人沙文主義」搶奪臺灣主體話語權，長期教育綠色選民：「民進黨等於臺灣，民進黨輸了，就是臺灣輸了，民進黨輸這麼慘，臺灣前途就完蛋了」。以此次高雄選舉爲例，因爲吳敦義失言風波，陳菊貴爲總統府祕書長之尊苦訴被糟蹋，仍採取慣用且不進取的「悲情主義」訴諸綠色選民要公道，更是臺灣政治部落主義的怪現象。

一九九八年的臺北市長選舉，陳水扁陣營訴諸「香港腳與臺灣腳」的族群之分，企圖在族群分化中獲取選票利益，馬英九，以「新臺灣人」的概念來瓦解民進黨所建構的部落主義，馬夾此餘威連任兩次市長，並贏得兩次總統大選，除了馬的個人魅力之外，解構民進黨的的部落主義是極大關鍵。

民進黨的台獨不是理想性，而是市場性，是基於選票技術算計下的奪權工具。洪秀柱多次提到，臺灣新生代沒有「天然獨」，只有「人造獨」。去中國化的臺灣歷史教育便是民進黨建構部落主義主要加工程式，餵食臺灣學子「國民教育地溝油」，這是臺灣當最大的部落主義運動。民進黨在高雄玩政治玩到淋漓盡致，二十年選戰跌宕起伏，吳敦義因爲抹黃錄影帶，把有情有義直接玩殘形成「白賊義」，黃俊英以學者從政的清新形象最後在「走路工」事件中鎩羽而歸。民進黨二十年來在南臺灣大權獨攬，把自己玩到殘廢，這是部落主義的宿命。

高雄選戰，引領臺灣從「悶經濟」駛入「嗨政治」快車道，悶透了的人民群眾找到情緒的發洩口和角色投射。韓國瑜逆襲成功一人救全黨，搞得民進黨舉全黨之力要救陳其邁一人，高雄從未得到這麼大的關注度，儼然形成臺灣的「政治首都」，部落主義在互聯網時代已經依靠著資訊網路、媒體技術、政治宣傳、經濟資料、影像圖片等等紛繁複雜的外包裝降臨臺灣，它也正以一股前所未有的力量撕裂社會。我們相信，眞正的高雄價値，除了靠乾淨贏得選舉，更應該靠不以人身攻擊和悲情訴求帶領臺灣走出部落主義。

高雄選舉曝露民進黨的老化速度太快

高雄選戰整體氣勢來看，韓國瑜已經不會輸給民進黨，民調顯示二十歲到四十歲的年齡層，韓確實已紮下了基礎，民進黨是占比較落後的情勢。民進黨的老化從「五府千歲」參選新北到青年選票的流失，由此可見鏽跡斑斑。民進黨奪權以後，創新太少大老越來愈多，套路太國民黨，終究也走進國民黨的困局。只是有點可惜，國民黨有百年了，當然藏汙納垢，而相對年輕且具備理想性，同時又以進步為社會號召的民進黨這麼快就墮落，很令人惋惜。

過去綠營的政治人物，草根出身加上良好的高等教育訓練，能夠以動人的話語和溫情呼喚穿透中下階層的內心，給人希望，也給人平民百姓也會出頭天的期待。臺灣經過三次政黨輪替，當年這一批草地英雄如今各個身居高位，腐朽超越過去的國民黨，他們的紈綺子弟之離經叛道也不比當年的黨國權貴遜色。

陳致中的高中作文還高唱「不要問國家可以為你做什麼，你應該要問自己可以為國家做什麼。」那個時代的致中清新脫俗，阿扁是臺灣之子，頭頂光環，除了當時的黨國權貴和少時藍色菁英的既得利益階級，相信大多數的臺灣人民真心喜歡他們，疼惜他們，他們不僅代表底層社會向上流動的希望，也代表臺灣社會的一線生機。但是時光是把殺豬刀，致中負笈海外一流學府，卻淪爲扁家洗錢的高級白手套，他徹底傷害臺灣人的心，同時向世人揭示，權力是如何讓人腐朽，阿扁沒有躲過，致中也沒有躲過。其邁曾經上媒體展示他大學時期設地下電臺投入反對運動，但是民眾沒有記憶，除了他溫文儒雅之外，他給人民留下的印記就是他有個騎牆加上貪腐的爸爸。過去擅長操作「平民對抗權貴」選舉主軸的民進黨，這回自己變成權貴，開始不知道怎麼打選戰，動作遲緩，炮口粗暴，財大氣粗。

「北漂廣告」是陳其邁爲了挽救選情打出來的柔情呼喚，卻曝露了綠營「去中國化」政策的進退失據。「北漂」一詞起源於北京，是特指來自非北京地區的、非北京戶口（即傳統上的北京人）的、在北京生活和工作的人們（包括外國人，外地人）。因這類特徵，北漂即人在來京初期都很少有固定的住所，搬來搬去的，給人漂乎不定的感覺，其自身也因諸多原因而不能對於北京有更多的認同感，故此得名。「北漂」具有如此強烈中國色彩和意向的字眼，綠營居然大膽剽竊，直接粗加工就進入臺灣的選舉市場，當然被蓄勢待發的韓國瑜陣營反宣傳，給予當頭棒喝。一來揭示綠色執政的一貫行徑，只要能達到目的可以不擇手段不問路線。二來揭示一再以去中國化爲執政目標的綠營已經黔驢技窮，缺乏新的選戰號召力和創新動力。

空有美麗的市容，沒有活絡的經濟動能，人才外流和經濟空洞是高雄市民不能不面對的痛。美麗的愛河，絢麗的煙花是「謝式」和「菊式」施政的淒涼幻影，她曾經喚起高雄市民的城市光榮感。但是，高雄港從全球第三大港口不停滑落，去年被比利時的安特衛普和大陸廈門迎頭趕上，由原本第十三大掉到第十五大。臺中喊出全臺第二大城市，也即將把高雄與腳踹開，這是鐵的事實。高雄的繁榮到老化，最大的獲益者是如今臺北政壇官居高位的「高雄幫」，他們曾爲這座城市努力過，但也是民進黨老化的「始作俑者」。

中美貿易戰核心是人才之爭

季辛吉的名言，「誰掌握石油就掌握所有國家，誰掌握貨幣就掌握全世界，誰掌握糧食就掌握全人類」而在有形的石油、貨幣、和糧食之外，是誰在駕馭？是人。人才永遠是稀缺資源，哪個國家擁有最多的人才，她就擁有了絕對競爭優勢，有學者評論，「美國的矽谷，如果拿掉中國人和印度人，那矽谷就不是矽谷了。」

美國有較好的制度和生活方式，吸引全球最優秀的一批人在那裡發展。中國大陸在發展強國之路的客觀需求，不斷加大力度引進海歸人才和外籍專家學者，大陸國家統計局、科學技術部和財政部聯合發布了《二〇一七年全國科技經費投入統計公報》顯示，目前大陸科研經費高達1.76萬億人民幣，位列世界第二，雄心勃勃的在人才爭奪戰中邁向制高點。這種對人才的重視從國家層面到城市層面，各出奇招，把人才的競爭當成施政與發展的重要路徑。

以國家級「千人計畫」青年人才爲例，絕大多數入選者博士畢業於國際一流名校或者是國際一流名校的博士後、助理教授等，其中很多人在Nature、Science、Cell、PNAS等國際頂尖期刊上發表過重要成果。西安、南京、武漢等二十多個城市卻接連出臺一系列人才引進政策，送房、送錢、送戶口，政策力度之大前所未有，讓昨天還發愁「畢業即失業」的高校畢業生們，一夜之間就變成了各個城市不夠分的「唐僧肉」。人才的引進將提高當地人力資本，改善人口結構，有利於推動經濟增長和產業轉型技術升級。

高端人才帶來了新技術、新產業，以技術爲基礎，政府引導產業與市場的融合會較快發生作用。對政府財政收支的影響則需要分短期和長期來看，從短期看，由於大量人才引進，需要兌現對人才的承諾和改善公共服務，因此會加大財政支出；但從長期看，由於人才會帶來就業、消費和稅收，擴大經濟總量，最終會改善財政收入。

更重要的是，中國大陸的有足夠大的市場和足夠廣的行業領域，供一批又一批的人才發揮專業。以目前美國科研經費和實力依然是世界領先，但是再過十年，整個優勢會有所變化。

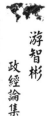

根據海歸學者的統計，目前美國的科研成果期刊發布量排名世界第一，且總量比在其排名之後的十個國家加總還要多；同樣的中國大陸科研成果期刊發布量排名世界第二，且總量比在其排名之後的十個國家加總還要多。

當這個趨勢不變的情況下，比讓美國更憂心的，恐怕不是中國越來越接近的經濟總量，而是越來越多的超級大腦匯聚在中國。經濟總量，還是人造的。貿易戰，表徵是貨物關稅之爭，核心是人才之爭。

臺青西進北京應有前瞻戰略

兩岸關係冰凍，青年西進創業、就業、就學依舊熱力不減。根據國台辦統計，截至二〇一七年底，鎖定臺灣青年的創業基地，全大陸已有七十五個，已入駐或服務各基地、示範點的團隊共1,900家、逾九千人次。陸委會資料顯示，近五年來，臺灣每年赴中國大陸就讀大專院校（含碩、博士）的學生，平均維持兩千多人左右；自二〇一一年至二〇一七年，每年赴陸求學的學生人數分別為1,433、1,858、2,314、2,259、2,137、2,183、2,567人，二〇一八年更是呈現爆炸行的成長。大陸學者鄒夢瑩調研發現，受到《惠臺三十一條》磁吸作用，今年以「學測」成績申請大陸高校人數較往年激增數倍。隨著申請人數的激增，大陸名校招收臺生的最低錄取分數線也創下新高。從人員數量的增加到人才品質的提升雙軌並進，是當前值得重視的一個趨勢。

臺北當局力阻臺胞「居住證」申領，同時欲立法限縮公民權作為要挾。以綠營政客謀士之精算，他們怎麼不會想到十年之後、二十年之後的這一批西進青年要如何班師回朝？阻絕西進優秀青年回臺，踐行資源「整碗端走」不是民進黨執政一貫的「部落主義」作風？筆者認爲，北京當局鼓勵臺青西進要有更前瞻的戰略儲備。臺青西進的目的是促進兩岸融合，不是加大兩岸隔閡。如果青年西進只是爲了做空臺灣，那不僅不道德，同時也是中華民族的內耗，繼續傳統帝國宮廷的「內鬥內行，外鬥外行」把戲，最後臺灣會走向殘破，眞正步入人口老化弱化、經濟凋零、民生破敗、民心渙散。中國建設銀行在臺北分行的經營口號是「紮根臺灣，建設寶島」。以北京當局泱泱大國的高度和格局，我們相信北京的戰略和戰術會比建設銀行更上層樓。我們期許北京以更高的戰略情懷支持臺灣青年，讓臺灣青年在大陸蓬勃發展的市場展現才華，鍛煉能力，協助他們在行業中站穩腳跟，形塑各行各業的領軍人物。逐漸形成臺灣優秀人才梯隊的迴流系統，鼓勵他們在臺灣各個領域繼續貢獻長才。

任何國家社會，最重要最有穿透力的是在政治領域，臺青迴流遵循臺灣的遊戲規則——民主選舉，用臺灣語言講述中國故事，力求在政治和輿論陣地搶奪主導權。臺灣從中央到地方經由選舉產生的公職人員有8,079位，民意代表有3,166位，也就是說有11,245個可競選公職提供未來臺青返鄉服務。

二〇一八年臺灣正式進入「魅力領袖元年」，以柯文哲、韓國瑜爲代表的無色覺醒時代政治人物正在改寫臺灣的政治環境。互聯網時代，借力低成本高效率的網上傳播管道，政治人物眞才實學的專業素養和口才便給的眞誠與傳統的迂腐油膩形成鮮明對比，擄獲選民的青睞。這些在大陸激烈競爭市場中脫穎而出的未來臺青領軍人物，勢必以更大的擔當和使命感回歸故土，絕非落葉歸根，而是挾經驗與鬥志昂首歸來，建設臺灣舍我其誰！在臺灣取得政權的方式就是透過民主投票的競爭機制，當選公職人員乃至於民意代表。在其位，謀其政，取得政權，才有決策權，方能引導兩岸融合的方向，從政治、經濟、社會、文化建立固若金湯的兩岸融合城堡。

美豬事件驚人發現：臺灣社會陷入「王定宇式的危機」

何謂「王定宇式的危機」？就是不經論證和查證便一語頂回去的公共議題危機。目的不求解決問題，只要對方閉嘴就可以。這個在家庭，就是語言暴力，可能導致親子失和夫妻反目。而在整個社會乃至於國家，那將是一場政治專業的信任危機，專家角色在臺灣已經政治化到民眾無所適從的地步，長久這麼下去，恐怕是臺灣社會的災難。

王定宇日前指控馬英九在美國念書時週週吃豬腳，質疑他對於開放美豬、美牛進口立場前後矛盾。實際上美國食品藥物管理局一九九九年才核准豬肉瘦肉精培林添加於豬飼料，馬英九留美的七〇年代，沒有瘦肉精美豬，王定宇這個指控基本是牛頭對上馬嘴瞎攪和。其次，大陸國台辦發言人馬曉光批評臺灣開放美豬是「損害臺灣人健康」；王定宇立刻還以顏色，批大陸前一週才進口三千多噸美豬。很顯然，王定宇再一次的陷入「王定宇式的危機」，大陸進口的美豬是不含瘦肉精的；非洲豬瘟在二〇一八年傳入大陸，蔓延各省，導致民生所需的豬肉供應短缺價格飆漲，一時之間吃不起豬肉成為全民茶餘飯後的玩笑話。美國肉品公司看準這波商機，亟欲打入大陸市場；但大陸禁止使用瘦肉精，美國肉商因而大幅改變飼料養殖配方，要求合約農場不再使用萊克多巴胺，以求符合大陸的進口規定。

大陸以其大國的談判籌碼和國際地位，不像臺灣不分青紅皂白爲瘦肉精美豬開了通行證，農委會卻仍禁止本土豬農使用萊克多巴胺，這是屈辱的雙重標準。全球禁用萊克多巴胺的國家或地區，多達一百六十個，可見它對人體的危害疑慮，舉世皆然。大陸能堅持瘦肉精零檢出，從而促使美國肉品業者主動調整飼料配方，不再添加萊克多巴胺；不可否認的科學依據是在大量食用含有萊克多巴胺殘留的肉類或內臟時，可能引發中毒癥狀，噁心、頭暈、肌肉顫抖、心悸、血壓上升、促進心血管疾病等。以臺灣健康保險基金瀕臨破產，慢性病人口眾多的情況下。開放美豬受傷的恐怕不僅僅是在經濟上對臺灣豬農造成損失，更可怕的是臺灣兩千三百萬人民的飲食健康蒙上陰影。當然，雙重標準必然是民主社會的難題，每一次公眾議題的引爆與拆彈都權衡著執政當局的智慧和仁心，但是一幫政策辯護民意代表集體陷入「王定宇式的反射性回應」恐怕是民進黨執政的喪鐘響起，當然受傷的是臺灣全體社會的福祉。

王浩宇「獵巫」劉樂研哀陸委會淪爲王浩宇舞伴

台灣過氣明星劉樂妍赴大陸發展數年，一個區區女子憑一己之力在他鄉打拼，或許不黯大陸政治生態，日前在大陸社交媒體Po出一張加入中國共產黨一週年的圖片並宣稱自己已經入黨，純屬狀況外的娛樂操作。稍微對大陸有點常識的人都應該知道，中共選拔黨員的標準極爲嚴苛，並不像擁有一百多個政黨的台灣，人民對入黨何其草率，喜歡就加入，不喜歡就退出。

中共對於入黨條件設定爲年滿十八歲的中國工人、農民、軍人、知識分子和其他社會階層的先進分子，承認共產黨的綱領和章程，願意參加黨的一個組織並在其中積極工作、執行黨的決議和按期交納黨費。同時要求黨員必須向工作、學習所在單位黨組織提出入黨申請；沒有工作、學習單位或工作、學習單位未建立黨組織的，向居住地黨組織提出入黨申請；流動人員還可以向單位所在地黨組織或單位主管部門黨組織、流動黨員黨組織提出入黨申請。此前曾有台灣赴陸學生要求加入共產黨，結果也不了了之，可見台灣人在大陸加入共產黨絕非易事，即使眞正加入共產黨，也不可能公開。劉樂妍的社交媒體操作，純屬於大陸同胞看不懂的「台式幽默」。王定宇見獵心喜，不一定不了解大陸政治，從其媒體政治性格，無非想賺流量和刷存在感。做爲執大陸事務牛耳堂堂陸委會，對於劉樂妍是否加入共產黨都沒有基礎認知？卻要隨王浩宇起舞，堂而皇之再向全民誦讀一邊《兩岸人民關係條例》，只能說陸委會官員眞的是吃飽太閒，一個專職處理大陸事務的要害部門如今淪爲王浩宇們的傳聲筒，實在是悲哀，浪費人民血汗錢。

王浩宇罷免案通過之前，綠營資深幕僚曾用「政治動物」形容王浩宇，好戰、愛蹭，攻擊性強、吸太多仇恨値，最終讓他淪爲全台首位被罷免的直轄市議員。如今一個見獵心喜的政治動物遇到一個政治狀況外的過氣台灣藝人，居然想要往死裡整，不僅要人家罰款還要取消對方國籍，恐怕有霸凌之嫌。陸委會非但沒有憐香惜玉，還要藉此機會叫囂中共，趁機再度渲染中共始終企圖以武力併呑台灣，不斷擴大政軍施壓威嚇，長期在國際場域打壓，是台海和平穩定的最大威脅。這樣的陸委會不是吃飽太閒什麼才叫吃飽太閒。陸委會業務停擺多年，兩岸溝通只讀不回，來陸委會不思改進兩岸關係，對於當前兩岸冷對抗束手無策，毫無作爲卻要加入罵街行列，眞不知陸委會諸君這樣領薪水不會良心不安？

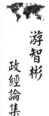

從原住民青年到歐陽娜娜——蔡英文帶領臺灣榮歸「警總時代」？

蔣家父子治理臺灣的戒嚴時期，警總執行禁制社會運動（禁止罷工、罷市、罷課、示威遊行……），壓制言論與出版自由。對於政治傾向共產社會主義或臺灣獨立建國運動者，只要推動相關發展，警總會長期觀察、監控、訪談，並將破壞治安者與政治異議者等量齊觀。基於「支前安後」之任務，警總業務龐雜。因此在戒嚴下，警總便成爲政府最方便有效之打擊工具。警總令人詬病之處爲思想與言論管制，對臺灣人民而言，警總可說是臺灣威權時期政府破壞人權之代表，也是臺灣人心中重大陰影。警總也製造了許多冤獄，「每個臺灣人心中都有個小警總」這句俚語，在臺灣代表了威權時代警總作爲政府管制工具時，對臺灣人民造成之心理影響與痛苦可謂此恨綿綿無絕期。

蔡英文二〇一六年當選領導人的感言是：臺灣是個民主、自由的地方就在每人都有做自己的權利，也保障所有人民自由選擇的權利，她要以當選人身分鄭重呼籲，每人都要尊重這份自由，選舉結果是向世界證明，臺灣人就是自由民主的，只要她當領導人一天，沒有人需要爲他的認同而道歉。但是最近臺灣的各個行政部門都忙著鞭笞國人的認同，而且還要「逆英文而行」。原住民阿美族人楊品驊於演講時高喊「我是驕傲的中國人」，原住民族委員會趕快跳出來強調，原住民族不是炎黃子孫，也不是中華民族，呼籲國人勿遭中國政府利用成爲中國統戰臺灣的樣板；臺灣藝人歐陽娜娜將在中國大陸國慶日，登上央視晚會高唱「我的祖國」，行政院長蘇貞昌公開抨擊，連文化部都表示會遵照陸委會調查，做出適當懲處。

對於一個在大陸發展的原住民青年和一個臺灣的藝人，蔡當局有需要出動政府機器來對於國民的「認同」進行追殺？蔡英文對於人民認同的承諾已經化作灰燼？好像整個蘇行政團隊並沒有眞正體會蔡英文對於認同的定義。根據中華民國的憲法與法律，中華民國的領土包含大陸地區與有實際管轄權的自由地區（俗稱臺灣地區）。從原住民青年楊品驊的中國人到歐陽娜娜的我的祖國，當然有法有理也有據，那爲何行政部門要急著跳出來呢？是爲博版面還是碰瓷解放軍，逼中共出兵攻打臺灣，以謀求中美衝突後更大的台獨機會？一將功成萬骨枯，凡是戰爭的爆發，最慘痛的還是一般老百姓，絕對不是那嘴巴說拿掃把抵禦解放軍的當今閣揆蘇貞昌。

從血緣和文化的角度，臺灣和中國大陸絕對是割不斷的兩個政治實體。根據政治大學選舉研究中心所做的民調：臺灣民眾臺灣人／中國人認同趨勢分布（一九九二年六月至二〇二〇年六月），當前仍然有30%的台灣民眾認爲自己也是中國人，那臺灣當局是否要驅逐這一批和蘇內閣沒有同樣認同的七百萬國人同胞？臺灣社會所享有的民主政治、多元文化與族群平等價値，是兩千三百萬國人同胞的珍貴遺產，也是中華文明的一塊瑰寶，希望蔡領導人不要把臺灣帶回警總時代，也希望臺灣的每一個人眞的不需要爲自己的認同說抱歉！當然，中國大陸不僅有義務也有責任保護所有中國人的安全與認同，包含在台灣的中國人。

經濟篇

大陸提「共同富裕」臺灣與西方同時中了兩個凡是的「毒」

翻開臺灣媒體，深感臺灣中了兩個凡是的「毒」。凡是關於習近平的，就是個人獨裁；凡是關於中共的，就是萬惡的政權。隨著中國大陸成爲世界第二大經濟體、跨入中等偏上收入國家行列，以及社會文明程度的提升，有效發揮第三次分配的作用被提上日程。同時將浙江省作爲高質量發展建設共同富裕示範區。當大陸在制度自信與分配正義中前行時，臺灣當局的輿論場總是在陰暗面中尋找攻擊漏洞，同時尾隨西方輿論不斷餵養臺灣人民資訊地溝油。有媒體引用《經濟學人》報導，稱中國馴化企業的措施令人不寒而慄，市場吸引力正在逐漸消失，外資企業苦不堪言。報導認爲，任何有長遠眼光的人，都可能將習近平的威權統治、重塑中國經濟的賭博，以及地緣政治風險，視爲退出中國市場的充分理由。

實際上，中國仍然被視爲全球最有活力的市場，中國確實因爲中美貿易戰帶來科技行業發展的一些挑戰，但是整體上中國擁有全世界最全面的工業製造體系。疫情雖然對中國經濟也帶來有一定的衝擊，但從筆者任職銀行機構訪視物流行業的經營情況顯示，目前中國大陸的物流行業空前繁榮，因爲疫情期間，許多產品無法進口，大陸企業只好自行生產，由此帶來物流行業的欣欣向榮，可以判斷的是中國的經濟依然是有活力且具備韌性。臺灣今天在抹黑和嘲諷大陸共同富裕的同時，卻無視疫情期間臺灣中下階級的生活慘況，特種行業女子因生計跳樓自殺，有些工人家庭因爲疫情無法上工需要高利貸維持生活。臺灣今天的分配惡化，執政當局無視困境，強推五倍劵之前還要老百姓拿現金購買，可比晉惠帝的何不食肉糜！

大陸就是一個標準的社會主義國家，從醫療、教育甚至防疫上都充分展現中國特色的社會主義制度優勢。在大陸住十年，就醫體驗一直不好，但是長期下來可以理解體驗不好的背後是制度，他們人多，政府要求每個人都能得到治療，所以以治好爲主，體驗就隨便。臺灣的健康保險制度也是充分體現社會主義的特色。中共在國家治理並沒有墨守社會主義的成規。一九八六年十一月十四日，鄧小平會見了以紐約證券交易所董事長約翰·範爾霖爲團長的美國紐約證券交易所代表團，他將一張上海飛樂音響股份有限公司的股票回贈給客人。用這樣一個舉動向世界宣布：股票市場並非資本主義所專有，社會主義國家同樣可以利用這一有效工具發展自己的經濟。

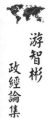

《經濟學人》用整肅來描述大陸對科技巨頭的監管，是雙標的最佳案例。美國及歐洲國家對西方科技巨頭祭出反壟斷措施，同時還有完善的反反托拉斯法案來規範企

業的市場運行，這是法治而在中國就是整肅？阿里巴巴及騰訊在大陸市場獨大情況正在一步一步侵蝕整個大陸的分配正義，這個與社會主義的核心價值是背道而行。螞蟻金服上市前杭州郊區餘杭房價飆升，因為該公司高管可以獲取超額的利潤購買當地房產，推高當地房價，傷害的是一般民眾買不起房，與大陸的國策房住不炒相違背，當然要被監管和整改。一個正常和健康的社會絕對不是全民飢餓你獨飽。

大陸企業願意配合第三次分配被曲解成被迫做公益，無奈做公益。取之社會用之社會不正是臺灣大多數企業運行的正面價值？怎麼到了大陸就變成被逼無奈？今天的中國大陸上下瀰漫在愛國主義中，這些企業的經營者也深知沒有國不會有家，如果沒有國家對於市場的保護和抵擋歐美科技巨頭的入侵，今天中國就沒有完整的互聯網金融巨頭企業，飲水思源回饋國人也是中國企業的品格之一。臺灣有兩百萬人在大陸生活和工作、求學，桃園機場的門一直開著，大陸也沒有不讓臺灣人回臺灣，這就是最好的證明。兩個凡是派的臺灣媒體恐怕是蔡政權愚民政策下最佳傳聲筒罷了！

全球化崩解臺灣靠向何方？

中國的經濟實力三十年來在改革與開放下，已經凌駕德國與日本，變成僅次於美國，躍升為世界第二大經濟體。在全球「一超多強」外交格局下的美國霸權，因接連介入阿富汗、伊拉克等戰爭，加上財政赤字龐大，陷入困境。在這個大變局中，影響全球人類福祉的一件大事，就是過去二十多年來「全球化」的快速發展，以及它帶來的正負面效應。中美之間的貿易爭端已令「一個平的世界」貿易體系一分為三，全球化浪潮進入崩潰階段，挾持817萬高票當選的蔡總統將會把臺灣帶向哪一個世界？

興業銀行首席經濟學家提出：中美之間的關稅高牆已令「一個平的世界」貿易體系一分為三，即美國與除中國之外的全球其他地區（本文稱之為「第一世界」）、中國與除美國之外的全球其他地區（本文稱之為「第二世界」）、高關稅的中美之間（本文稱之為「第三世界」）。中美貿易摩擦令「第三世界」豎起了稅率超過20%的關稅高牆，但前兩個世界仍在低關稅下平穩運轉，面向這兩個世界足夠強的貿易多元化能力，臺灣如何在中美兩強之間漁翁得利，既靠領導者卓越的智識，也靠領導者超群的智慧。

假設前國安會祕書長蘇起先生不是「蔡黑＋網軍」，蔡總統團隊確實需要察納雅言，再一次思考臺灣在全球化產業鏈中所扮演的角色，如何因應中美相爭之間所帶來的不確定性，當然需要更深度思考中共在臺灣選後的對臺新政策。前國安會祕書長蘇起揭露，總統蔡英文在一九九九年時曾做出「誤判的」兩國論報告，向前總統李登輝說明兩國論提出後美國將會諒解支持，大陸因爲官僚機器很龐大，轉過來後兩國論已變成既成事實。蘇起認爲這樣的論點十分驚訝，是太不瞭解國際情勢和大陸政府體制。

然而，兩國論確實已經成爲李登輝之後綠營執政者的政治香火，論述一脈相承，不斷以切香腸的方式向中國大陸暗度陳倉。二○二○年總統選舉綠營將兩岸的政治對抗推向一個新高潮，也激起臺灣內部國家認同分化、世代分化的新高潮。兩岸選後若發生衝突，大陸可能作爲包含外交制裁、經濟制裁、威脅動武；若是後者，可能就是中美交易，大陸逼美國談判，把臺灣問題變一九八四年中英談判決定香港前途一樣，就眞的是「今日香港、明日臺灣」了。

臺灣的經濟總量約爲大陸的4%多一點，我們一年從大陸賺的貿易順差一千多億美金，若沒有大陸市場，不但臺灣每年年進出口總量將不足四千億美元，且將出現超過一千億美金的貿易逆差，幾乎不可能維持現有機構運轉。臺灣與大陸在經濟如此緊密，兩岸人員往來如密切的情況下，蔡總統陣營在此次選舉中完美實現政治與經濟的相互閹割，大陸對臺灣的籌碼是否用盡？

蔡總統接受BBC專訪繼續胸有成竹的向中共吹起求戰號角，八百一十七萬選民會是蔡總統最光榮的後盾還是只能說抱歉的對象？當蔡總統和《反分裂國家法》對撞的時候，中共依然無動於衷的如同臺灣法律對於陳水扁前總統的「趴趴走」，我們希望蔡總統沒有誤判第二次。

陸激發消費潛力　臺服務業西進點金

二〇一八年中國發展高層論壇專題研討會與會專家指出，消費已經成爲大陸經濟增長的主要驅動，GDP增長80%來自於消費支出的增長。爲破解制約居民消費的體制機制障礙，增強消費對經濟發展的基礎性作用。大陸國務院日前公布《完善促進消費體制機制實施方案（二〇一八到二〇二〇年）》，進一步放寬七大服務型消費領域市場准入，其中包含（一）旅遊領域（二）文化領域（三）體育領域（四）健康領域（五）養老領域（六）家政領域（七）教育培訓領域。以上七大領域，臺灣具備有相對優勢的管理經驗與服務品質，目前已經有不少台商在大陸展露頭角。

以家政服務爲例，臺灣青年姐弟三人撇開低薪，到蘇州發展日式極精細的家庭清潔服務，雖然在開始時因爲高價經營困難，但是以臺式的耐性和服務口碑贏得消費者的信任，目前已經打出一片天；教育培訓領域更有台商企管諮詢集團，深耕製造業專業諮詢顧問與工廠管理人才培訓，他們的銷售人員遍布浙江省的每一個縣，以精細化、節約化和貼近在地行業需求的培訓爲大量的工廠管理者提升管理技巧與生產效率，他們的廣告T霸占據不少高速公路的顯著位置。目前不僅在大陸多個省分成立分公司，同時引進日本、美國、新加坡先進的生產管理、物流管理與國際企業管理模式與經驗；安親教育與早教服務目前已經是大陸中產階級雙薪家庭的必需品，臺灣某安親班在大陸以加盟和直營的形式，輸出「一條龍」的臺式安親班的管理模式與服務特色，他們標榜更安全和健康的環境，教育更有禮貌和主動學習的孩子，深獲家長認同。不僅在中國大陸各省遍地開花，同時也獲得天使投資人的三千萬融資。

吳曉波頻道發布《二〇一八新中產白皮書》，披露中國大陸新中產群體目前人數已經超過了兩億。他們的特點是年輕，八〇、九〇後爲主力軍，教育背景良好，年收入十萬元人民幣以上，追求有品質的生活。阿里巴巴最新發布的一組資料顯示，精緻的九〇後已經成爲消費主力，兩千萬人在淘寶爲寵物買進口零食，兩千塊的椰子鞋天貓上架1.5小時就賣了五萬雙。此前人們熱議泡麵榨菜銷量好是消費降級，然而根據口碑資料顯示，鮑魚、龍蝦等高檔消費增長更快。銀聯商務發布《二〇一八國慶旅遊消費大資料報告》指出，大陸居民出遊消費熱情持續高漲，相較二〇一七年的國慶中秋超級黃金周，旅遊消費金額同比增長10.4%，旅遊消費人次同比增長9.3%。

大陸消費市場正在經歷從量到質的提升，從產品轉爲服務的過程，新的趨勢給予各行各業乃至整個經濟增長都帶來新的商業氣象和機會。以筆者居住的杭州新型社區爲例，五年前還可以看到家庭式的理髮店，現在他們已經被裝修精緻，明亮清潔，服務標準化的連鎖美容或個性化髮型設計室所取代，當然價格也高出原來一倍多。相較過去製造業西進設廠需要大規模的資本、土地與人才團隊，服務業的西進則相對輕資本且可以靈活應變。在整個中國大陸消費升級的浪潮中，大約三到四億左右的中產階級消費者願意付出更高的價格享受更優質的服務，這個概念在整個大陸的商業運作中是基本共識。臺灣在「淺碟式」的經濟規模制約下，各行各業競爭激烈，經過淘汰優選後方能碩果僅存，我們的服務態度、服務品質、服務理念在整個大中華經濟圈中絕對可以獨樹一幟，而且深得人心。值此大陸消費升級，服務類消費產生巨大發展空間的同時，我們有五星級酒店式的醫療健檢，我們有鋼琴現場演奏和名畫滿走廊的醫療空間。相信這些高品質的服務消費，不管台商西進或是陸客東來，都會留下驚豔，期盼台商群體在新一輪的大陸經濟轉型中，順應潮流，點石成金。

杭州G20峰會後的兩岸城市、人才與產業競合

G20杭州峰會是中國大陸繼「一帶一路」倡議以及亞洲基礎設施投資銀行融入世界新格局中的再一次實力展現。中國大陸領導人在本次G20峰會上提出「創新、活力、聯動、包容」四大關鍵字①，這被視爲針對全球經濟放緩以及中國大陸經濟進入緩增長的一劑良藥。

城市的競合

二〇〇七年廣東省的GDP超越臺灣，打破臺灣一直領先大陸任何一個省分的格局；二〇一四年深圳的人均GDP超過2.2萬美元，超越臺灣的2.1萬美元。杭州作爲一個北上廣深四大一線城市的急起直追者，透過G20的世界級的盛會，向全球展現世界級的公司、產品以及商業模式，阿里巴巴和螞蟻金服正在向世界輸出互聯網貿易模式和普惠金融模式。馬雲受聯合國邀請出任聯合國貿易和發展會議青年創業和小企業特別顧問，意味著從電子商務走向普惠金融的發展模式不僅成爲中國新經濟的驅動力，也爲新興市場希望加入全球經濟的帶來機會。中國社科院二〇一五年在北京發布的

① 人民日報國際論壇：杭州G20洞見全球經濟增長。《人民日報》（北京）

《城市競爭力藍皮書：中國城市競爭力報告NO.13》，臺北次於上海，但領先北京、廣州，競爭力排名連續兩年穩居第四名。在兩岸政治角力與經濟實力此消彼漲的趨勢中，臺北市在財力以及國際能見度上日漸星光黯淡。高雄港裝卸量世界排名於一九九三年曾居世界第三，二〇一四年排名落到第十三，而世界前十大港口大陸囊括了六名。大陸的崛起勢必影響臺灣的城市曝光度與重要性，加諸政治因素，兩岸城市的競合需要有更多的政治智慧與商業巧思。近日藍營八縣市首長赴陸出擊招商引資應是未來臺灣城市首長不能不面對的一條不歸路。城市間的交流，更多的人員往來確實也能爲彼此帶來新的機會和商業利益。

人才的競合

大陸七十餘所高校公布的二〇一五年度部門決算中，收支決算總額排名前三位是清華大學、浙江大學、北京大學，分別是兩百零五億元、一百五十六億元和一百四十億元②。排名第一的北京清華大學是臺灣大學的5.7倍。臺灣近年前往大陸求學與實習的學子人數也不斷上升。以浙江爲例，浙江省台辦與人才市場每年暑期提供一百個臺灣學子實習機會，已經成爲一個常態是青年交流。過去臺灣的大新聞是著名教授投

② 沙璐，7餘部屬高校曬決算 四所高校花錢超百億。《新京報》（北京）
http://www.hellotw.com/dlxw/mssh/201609/t20160912_1120032.htm

奔大陸高校，現在一股默默前行的可能是一批頂尖學測學子進入大陸高校就讀，一批頂尖人才進入大陸就業創業。

二〇〇四年以來，臺灣銀行業釋出的人力，保守估計超過十五萬，許多過去在臺灣服務的專業人才也早已到北京、上海、廣州③。從東北的吉林銀行到浙江的浙商銀行，從上海的平安銀行到廣州的南粵銀行，都看的到臺灣金融同業在這塊廣袤的金融市場中像遊牧民族一樣的開疆闢土。臺灣內部的哀嘆，我們要變成臺勞的同時，不可厚非的證明人才也有價位之分的，以上海的某商業銀行爲例，一個中階臺籍主管動則年薪兩百萬人民幣，他們回到臺灣可能很難找到相同待遇的工作。

產業的競合

在這一波互聯網的資訊革命下半場，臺灣因爲官僚政爭與保守謹愼的立法思維，互聯網金融的發展已經遠遠被大陸甩開。杭州已悄然成爲全球最大移動支付之城，98%的計程車、超過95%的超市便利店、超過50%的餐館都可使用移動支付，甚至相當部分的菜市場小攤也能用手機買單④。反觀臺灣最大的支付企業歐付寶，目前大約

③黃勁堯、林耀彰，台資銀行問路中國指引。P2，《臺灣金融研訓院》（臺北）

④嚴九元，杭州被G20選中的最大「祕密」：不按套路出了三張牌。《智穀趨勢》（北京）

僅10%左右的臺灣人註冊使用。臺灣向來引以為傲的智慧城市與文創產業，與大陸城市之間的競爭優勢正在縮小。杭州計畫每年新引進文化創意企業八十家以上，力爭到二〇一八年入駐企業規模達到四百家，其中年營業收入超億元企業五家，同時不斷向臺灣文創業者與藝術家招手。

在杭州的雲棲小鎮，「淘富成真」由阿裡雲和富士康共同發起，開放富士康世界級的設計、研發、專利、供應鏈、智造等能力，阿里雲的雲計算平臺和大資料處理能力，阿里電商天貓淘寶的平臺能力，同時引入銀杏穀資本、雲鋒基金、豬八戒網、洛可哥等企業為創業者提供全鏈路創新創業服務，目的是說明中小智慧硬體的創業者迅速對標國際一流品質，做出優秀的智慧產品；在浙江省臺州市小微企業信用保證基金，有臺灣信保基金的運作模式與顧問輔導，協助臺州地區解決「融資難、融資貴」的臺灣經驗，且可望向全國推行。還有數以千百計的金融專業人才，常駐大陸各地金融機構，以客卿或是顧問的身分在這場大陸金融轉型的大戰中扮演關鍵角色。

結語

九〇年代以來，臺灣製造業的精英在大陸工業化的進程中扮演至關緊要的腳色，依賴廉價的勞動力與土地，打入全球化的生產供應鏈中。放眼『十三五計畫』，大陸經濟向服務業轉型升級中，臺灣是否能夠像過去三十年一樣扮演先發投手的任務？眞正的專業人士只有在寬廣的市場中才能體現更高的價值。金融、醫療與教育訓練等服務行業，是過去幾十年臺灣專業人士在臺灣建立優質的產業經驗與模式，同時又能夠走進大陸市場，不斷創新調整，下一波兩岸的競合，不僅是城市、人才和產業，更重要的是視野和格局。

ECFA中止有驚無險兩岸從「冷戰」進入長痛

ECFA中止危機在臺灣眾聲喧嘩，對臺灣經濟影響從經濟部的5%到國民黨版本的20%，產業影響層面的包含石化、機械、車輛零組件等，臺灣出口四成依賴中國大陸，台商大佬企業界呼籲不斷。終於在大陸的兩會期間傳來正面的信號，大陸海協會會長張志軍指出ECFA得來不易，相信兩岸同胞都不希望看到這一重要成果得而復失。這是海協會長首次公開強調，具有高度的政治宣示意義。

大陸不希望停止ECFA。可以窺探大陸不會以ECFA作爲反獨促統的經濟手段，ECFA不僅讓臺灣得到貿易紅利，比如水果銷陸翻倍，石化產品銷陸占比高達九成，金融機構到大陸設點賺人民幣，包含高舉臺灣獨立的陽信銀行家族也在上海設立融資租賃公司。大陸的決策層當然也要算清楚停止ECFA的經濟賬，傳統中國帝王治理的臣工僚屬演化到今天便是專家智庫智囊團，今日大陸研究臺灣的學者多如過江之鯽，這本經濟賬沒有算清楚哪能叫泱泱大國？實質上大陸經濟也受惠於ECFA，以中國銀行臺北分行靠著臺灣開辦人民幣業務爲例，拿著臺灣本土銀行巨額人民幣轉存款，再匯回上海拆放市場賺取高利差，僅靠一家分行，二〇一四年前八月稅前盈餘已達七十億元新台幣，跟擁有一百一十五年歷史的臺灣本土金融龍頭臺灣銀行全行獲利一樣多。二〇一四年九月底臺灣人民幣存款餘額正式突破人民幣三千億元大關，最大受益者就是擔任臺灣人民幣清算行的中銀臺北；臺灣金融業高管感歎，「中銀臺北幾乎是臺灣人民幣的地下央行！」如果哪天中銀臺北不收人民幣轉存款，或大幅調降利率，那就麻煩了。受惠臺灣人民幣清算行的獨占業務，中銀臺北成爲全球成長最快的單一分行，資產規模較前一年成長超過兩百倍。

停止ECFA當然對大陸也有影響，比如大陸每年也出口不少產品到臺灣，當然從經濟體量來說：大陸是汪洋，臺灣是淺碟，一旦停止ECFA對臺灣的經濟震盪遠遠超過大陸！經濟制裁殺敵一千，自損七百；武統代價實在太大牽扯面太廣，又觸及中美對抗與民族復興的兩難博弈。蔡政府放任兩岸只讀不回，神仙下凡也解決不了的兩岸僵局已經從冷對抗進入長陣痛。長痛不如短痛都是情緒性的氣話，短痛震撼力太強，兩邊都不敢輕易駁火，拖，可能是最好的政策！

大陸消費金融萬億市場二三線城市掘金

二〇一七年底中國大陸居民部門消費信貸規模達到9.5萬億人民幣。消費金融公司從最初的四家發展到二〇一八年五月底共二十六家，消費金融市場的參與主體和開放城市逐步拓寬。艾瑞諮詢研究指出，大陸市場的消費信貸餘額將以年均複合增長率20%快速成長。

根據大陸馬上消費金融及搜狐互聯網金融的統計，在購買產品或享受服務而資金不足時，願意瞭解分期消費的人占比高達95.14%。針對消費金融的人群分析，二十一到三十歲的年輕消費者對分期消費的接受程度最高，達97.27%，三十一到四十歲的消費者次之，達95.83%。消費者的消費觀念正在逐漸轉變，尤其是「八〇後」、「九〇後」消費群體，對提前消費有較高的接受度，是消費金融市場的主要服務物件。大陸消金公司受消費升級與國家政策扶持的影響，成長速度相當快，約在二到三年就可開始獲利。以發展較快的中銀消費金融、招聯消費金融，二〇一七年淨利潤年增率分別有157.78%、266.97%，淨利潤都在十億元人民幣以上。

中信銀與國美、廈門金圓集團合資的「廈門金美信消費金融有限公司」已獲廈門銀監局核准開業，這是兩岸第一家合資開設的消費金融公司。凱基銀與王道銀行也積極跟進，凱基銀行參股江蘇銀行發起設立的消費金融公司，王道銀行則與光大銀行合資設立「光大消費金融股份有限公司」，都在申設中。臺灣銀行業者在消費金融領域積累多年經驗，不僅在消費金融的人才梯隊建設上取得長足的發展，從產品創新、客戶洞察乃至於風險的防控上仍有許多大陸可以借鑑之處。

目前，大陸許多的城市商業銀行對於消費金融業務正在磨刀霍霍，但是人才梯隊的建設上仍有一定的不足，只好同行挖角組成拼裝車，匆忙上路，並未眞正體現消費金融的業務盈利模式乃至創新模式。臺灣優秀的消費金融業者不妨跳開一線城市北上廣深，從二三線城市著手，找尋合適的合作銀行，以參股或是技術輸出的模式，共同開發市場，共用消費金融的利潤。以消費金融爲起點，導入臺灣全員行銷、混業經營的模式，也就是以消費信貸業務來吸引和洞察客戶，漸進式的開展中間業務提高銀行手續費收入占比，對於存貸利差日益縮窄的大陸銀行業者將有極大誘因，或可爲臺灣金融業西進再闢新路。

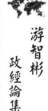

以江蘇省無錫市爲例，一個人口不足七百萬的中型城市，二〇一七年人均GDP16萬人民幣，僅次於深圳的十八萬人民幣，與臺灣相差無幾，大陸不乏像無錫這樣具備

經濟發達，人民收入較高，消費旺盛的城市。如果能從這些經濟發達的中型城市著手，挑選適合的城市銀行合作深耕消費金融，發揮臺灣技術與服務優勢，那是不錯的選擇。此外，非沿海省分的省會城市，同時具備經濟輻射優勢與人口優勢，省會城市銀行通常業務能輻射全省，且在全省各個主要城市開設據點，他們往往能夠在各個據點中獲取一批當地的優質客戶，憑藉他們的在地優勢與城市銀行光環，好的消費金融產品可以說明金融機構更有高效獲客，憑藉臺灣精細化的風控機制更能協助他們有效管控風險，發展多元化中間業務，尤其是保險與財富管理。

以當前大陸多元的大資料風控維度來把控消費金融風險，台資銀行進入需要快速學習，融入在地化經營與當地風土民情。可以秉持第一年審慎試水，第二年穩步向前，第三年大步向前走的模式來應對新的市場。二〇一六年三月二十四日，央行、銀監會發布《關於加大對新消費領域金融支持的指導意見》，鼓勵互聯網消費金融業務創新，鼓勵拓展汽車金融、健康消費、資訊與網路消費、綠色消費、旅遊休閒消費、農村消費等領域，政策對消費金融場景的拓寬和消費金融產品的創新起到了積極的推動作用。市場是變動的，機會不斷的出現，也不斷的流失。臺灣消費金融西進萬億商機，行遠也要行穩。

深化兩岸金融合作　臺金融業要大步走

二〇一八年九月金秋中旬在杭州舉辦的浙江臺灣合作周，黃公望產業金融峰會齊聚兩岸金融學者和業者，披露了近期兩岸金融合作的相關數據，值得臺灣金融業關注和思考。二〇〇九年兩岸兩會簽署「海峽兩岸金融合作協議」，此後兩岸開始互設金融機構，尤其爲服務九萬家在大陸打拼的台商，台資銀行積極在大陸擴張版圖，開拓據點。金管會最新統計顯示，二〇一七年十家台資銀行在大陸廿九家分行稅前盈餘是創新高的四十二億元，但不如三家陸銀在臺的三家分行獲利四十六億元。當然因素有很多，台資銀行在大陸的經營上有一些監管的限制，包含不能直接服務一百萬人民幣以下的大陸個金客戶，存款的獲取相對困難導致資金成本高，客戶群體侷限還是以服務台商爲主，沒有大規模在地化。從更積極穩健的經營角度而言，台資銀行可以在當前惠臺政策的大環境中尋求更大的突破。

中銀富登——新加坡淡馬錫模式可借鏡

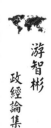

中國銀行與新加坡淡馬錫下屬的富登金控合作，借助中國銀行的品牌和資源優勢，結合富登金融的微型金融經驗。自二〇一一年按照批量化、規模化、標準化、集

約化的方式發起設立村鎮銀行。二〇一七年末，在全國十九個省（直轄市）設有近一百家村鎮銀行，建成了全國最大的村鎮銀行集團。中銀富登依舊在擴張的道路上前進，開闢了以併購代替自設的新路徑，去年四月，中國銀行正式收購國開行持有的十五家村鎮銀行，今年八月再出手將建設銀行二十七家村鎮銀行併入中銀富登。

結合中銀富登的成功經驗和筆者服務大陸中小銀行的觀察，臺灣的金融業可直接參股大陸地區性中小銀行。中國大陸有兩千多個縣，每一個縣都有一家規模不小且在當地市場占有率極高的農村信用社（現大多改制農商銀行），有些市場占有率甚至接近40～50%，這些地方性銀行的客戶主要是小微和三農。臺灣的經濟結構便是以小微企業爲主，過去臺灣有一句俗話：「一年換二十四個頭家」，可見我們的企業是如何的多和如何的小。如果臺灣的銀行能夠以參股形式來和這些銀行進行優勢互補，不僅可以協助這些銀行在營銷服務、產品創新、風險防控、企業文化與管理機制上進行更加精細化的轉型，也可以爲臺灣金融業者的兩岸獲利更上新臺階。

臺灣不缺好銀行和好人才

以玉山金控爲例，在二〇一八年道瓊永續指數（Dow Jones Sustainability Index，DJSI）評選中再創佳績，在全球受邀評選超過3,500家企業中脫穎而出，連續五年入選「道瓊永續新興市場指數」成份股，並三度入選「道瓊永續世界指數」，再創臺灣金融業紀錄。今年四月，大陸國家主席習近平在博鰲宣布四大面向市場開放措施。其中大幅度放寬金融業市場准入條件，確保實施去年底宣布的放寬銀行、證券、保險業外資持股，機構設立及業務範圍限制。臺灣業者應積極準備，以惠臺三十一條政策爲導引，切入大陸的消費金融與財富管理市場。

關注大陸消費金融

臺灣消費金融發展三十年，是華人地區最具特色且充分在地化的消費金融市場，培養眾多融貫中西的優秀消金人才。中國大陸消費保持平穩較快增長，已經成爲經濟穩定運行的「壓艙石」。二〇一七年全年社會消費品零售總額達到36.6萬億元，同比增長10.2%，對經濟增長的貢獻率爲58.8%，連續第四年成爲拉動經濟增長的第一驅動力，對經濟發展的基礎性作用不斷增強。今年五月，臺灣「中國信託商業銀行」聯合廈門金圓投資集團發起成立的首家兩岸合資消費金融公司獲批。期待臺灣更多的金融業者駛入大陸消費金融發展的快車道。

西進買銀行?陸推擴大金融開放新12條

中國大陸銀保監會主席郭樹清日前接受記者採訪時表示，近期擬推出十二條銀行業保險業對外開放新措施，在十二條措施中，第一條即提出：按照內外資一致原則，同時取消單家中資銀行和單家外資銀行對中資商業銀行的持股比例上限。當前，中國大陸銀行業保險業已形成了國有、民營和外資等多元股權結構。通過進一步擴大開放，構建公平一致的市場環境，將更加有利於銀行保險機構充分競爭，優化股權結構，規範股東行爲，形成合理多樣的市場體系。臺灣金融業者這兩年取得金融牌照漸有進展，去年中國信託銀行聯合廈門金圓集團取得消費金融公司牌照已經開業，在此金融開放新政變革下，西進買銀行或成爲臺灣金融業再度奮起的契機。

大陸市場廣大金融供給不足

中國大陸在經濟下行的壓力下，從投資轉向消費驅動。除消費不斷增長外，消費者的消費行爲正在不斷改變。中國人民銀行數據顯示，短期消費貸款由二〇〇四年至二〇一八年，增長近六十六倍，而同期中長期消費貸款僅增長十五倍。大陸國家商務部發布的報告顯示，二〇一八年中國大陸消費金融市場（不含房貸）規模爲8.45萬億元，市場滲透率爲22.36%，預計到二〇二〇年中國大陸消費金融市場規模將達到十二萬億元，屆時滲透率將達25.05%。從滲透率判斷，中國大陸消費金融仍處於發展初期，仍有較大的增長空間。

然而，在此龐大的人口基數與消費市場需求的基礎上，由於金融結構性與整體金融供給不足問題，仍有爲數不小的群體無法獲得信貸支持。大陸工信部統計顯示，33%的中型企業、38.8%的小型企業和40.7%的小微企業的融資需求得不到滿足。受融資約束的中小微企業總數達兩千三百多萬，小微和中小企業中受融資約束的比例分別爲41%和42%。

臺灣中小企業信保基金模式成功複製

臺灣中小企業融資專業銀行與信保基金模式的運行爲大陸解決小微企業融資難與融資貴提供了一個可複製的解決之道。浙江省臺州市政府深化小微金融改革，在借鑒臺灣經驗的基礎上，成立大陸首個臺州信保基金。成立四年內，基金已實現首期五億元出資規模的十倍放大，是全大陸擔保機構平均放大倍數的4.55倍，是浙江省內服務小微企業最大的融資擔保機構，被省政府評爲「二〇一六年十大服務小微企業優秀專案」，銀行信保產品被中國銀行業協會評選爲「二〇一七年服務小微五十佳金融產品」。

臺灣兵團打造大陸信用卡標杆銀行

以中國大陸最佳零售銀行——招商銀行為例，拒絕花旗，引入「臺灣人兵團」，臺灣經驗整套搬過來，在街頭擺起攤位，做起直接銷售（direct sale），快速打出招商銀的形象，也迅速拉近與客戶的距離，「從品牌形象、客戶關係經營、一路到與商戶關係的維持，都承襲自臺灣」。一批來自臺灣信用卡界的幹部，花了五年時間，一點一滴把招商銀打造成有如臺灣的中國信託一般——一個以信用卡業務掛帥的消金銀行。這位臺灣出產的信用卡大將，以臺灣經驗，在對岸締造了「信用卡奇跡」，招商銀在〇六年當年度的發卡量是五百萬張，這個數字超過中國信託二十年來的發卡總量，成長速度已十分驚人。但來年〇七年單年，髮卡量竟然一舉突破一千萬張，這個數字相當於臺灣當年整個信用卡市場的流通卡數。同一時期，臺籍信用卡大將曾寬揚受花旗銀行委派，擔任浦發花旗信用卡中心首席執行官，負責浦發花旗信用卡的運作。臺灣金融業培養的戰將菁英在大陸金融業務扮演者開拓者和造王者，故事在這二十年中不斷上演。

近十年來，臺灣資金氾濫的情況愈來愈明顯，超額儲蓄自二〇一四年起，年年都在新台幣二兆元以上，相當驚人。主計總處最新國民所得統計顯示，臺灣從二〇一三年至今，超額儲蓄率持續超過一成。同時以ROE「稅前盈餘占淨值比率」和ROA「稅前盈餘占資產比率」檢視臺灣銀行業獲利狀況，明顯低於亞洲多數國家的整體銀行業水準，顯示臺灣資金充沛，但是應用的效率是有待提升。大陸廣袤的金融市場是消費金融與信貸業務最好的外拓土壤。臺灣金融業的過度競爭與資金氾濫兩個癥結要眞正打開，在大陸推出擴大金融開放新十二條之際，西進買銀行，尤其是二三線城市中小銀行是一招好棋。大陸目前持有銀行牌照的一百三十四家城商行，1,427家農商行，1,616家村鎮行，有已經上市了，有的卻還在同質化競爭與不良貸款中掙扎，農村金融機構財富管理業務市場亟待打開，借由金融開放的東風，臺灣金融業者宜好好的挑選一批性價比高的中小銀行，借由入股和治理介入模式，把臺灣金融在中國大陸「失去的二十年」一次賺回來。

愛情產業鏈金融助推高雄經濟再次絢麗

二〇一三年經濟學諾獎獲得者羅伯特·席勒在《金融與好的社會》傳遞的核心思想是，金融有充足的潛力爲我們塑造一個更加公平、公正的世界。金融不只是一個行業，任何美好社會的實踐，都需要一個重要的支點，這個支點往往就是金融，因爲許多行業的發展、政策的推動都涉及資金問題，在此過程中，金融業就扮演了重要的角色。

產業鏈是產業經濟學中的一個概念，是各個產業部門之間基於一定的技術經濟關聯，並依據特定的邏輯關係和時空布局關係客觀形成的鏈條式關聯關係形態。產業鏈主要是基於各個地區客觀存在的區域差異，著眼發揮區域比較優勢，藉助區域市場協調地區間專業化分工和多維性需求的矛盾，以產業合作作爲實現形式和內容的區域合作載體。

攤開高雄地圖，愛河東側是前金區，西側則是鹽埕區，鹽埕區有許多老牌小吃，像是港園牛肉麵、北港蔡筒仔米糕、鹽埕鴨肉珍等名店，還有駁二特區可以遊覽，而東邊的前金區有福記臭豆腐、庶民廚房等。想要買珠寶飾品，河東路就有「綺麗珊瑚」，鹽埕區也有不少老牌銀樓。住宿的話愛河周邊不乏如國賓、華王這樣的老牌星級旅館，也有新開幕主潮州業者相中「愛情產業鏈」商機，深信浪漫元素可能一舉打下市場，近期與夥伴積極接洽高雄旅宿、婚紗業者，不僅要推巧克力，更要推保養品。異業結合是新零售時代最好的商業模式之一，透過線上線下的優勢互補，客戶數據共用，提供更全面的商品勞務組合，既有利消費者的多元化選擇，也有利商家的業績提升與互補共贏。燕巢芭樂、旗山香蕉、屏東蓮霧都是南臺灣的驕傲，借由愛情產業鏈擴大行銷，供應來往商旅遊客之外，更可以發揮臺灣服務業的異業結合特色，讓美味水果賦予愛情美好意義，提高價值，行銷全世界。未來的高雄不僅僅爭做世界的旅遊中心，更要當成農產品行銷與輸出大平臺。

大陸互聯網醫美平臺發布「二〇一八年雙十二醫美消費報告」，「九〇後」正成為醫美消費主力。數據顯示，雙十二銷售額當中三分之一來自男性，男性醫美市場潛力巨大。搶攻大陸八〇、九〇新中產階級旺盛的消費潛力，醫療觀光結合愛河摩天輪推出醫療輕旅行，從醫美微整著手，推出系列配套療程，呼應愛情產業鏈，不只吸引陸客也搶攻東南亞客群。醫界大膽預估，一年內能帶來十億產值。

愛情產業鏈要成功，需要完整的配套，政府搭好臺，企業來唱戲，金融需助力，讓產業再次在愛河活絡起來，眞正達到人進來，貨出去。高雄有機會轉型成爲觀光之都、創業之都、美學之都的幸福城市。九月底，大陸國務院發布《關於完善促進消費體制機制　進一步激發居民消費潛力的若干意見》，圍繞居民吃穿用住行和服務消費升級方向，培育中高端消費市場，形成發展勢頭良好、帶動力強的消費新增長點。高雄作爲接受九二共識的交流城市，可以吸引更多的大陸觀光客，韓國瑜旋風在兩岸三地的熱度依舊沒有消退。作爲CEO市長，韓國瑜如何結合個人魅力與愛情產業鏈，是一道長長的習題，需要潛下心來好好擘畫。讓專業的人去做專業的事便是一個市長最大的盡忠職守，高雄市政府控股43%的高雄銀行，將要在愛情產業鏈中扮演堅強的後盾，金融是產業的血液，以市場行爲標準向產業鏈輸血，才能確保愛情產業地圖在愛河兩邊開出燦爛的花朵，人潮和錢潮齊步並走，爲港都經濟的再次絢麗推波助瀾。

廈門新政打臺灣牌　友臺城市贏來發展紅利

廈門市推出五十五條優化該市營商環境促進經濟高品質發展的新舉措，其中六項措施涉及落實對臺服務，推動兩岸產業深度融合發展，格外引人注目。具體內容包括：允許自貿區台資企業使用英文、繁體字作爲字型大小，貼合臺胞取名習慣、滿足台資企業沿用投資者自身字型大小的需求；允許符合條件的臺灣同胞可以在廈門註冊登記個體診所和醫學檢驗實驗室，解決了臺灣醫師來廈門執業辦理診所等註冊登記問題。這些措施勢將有助於吸引更多臺胞臺青赴廈投資創業，力爭廈門成爲臺灣商旅西進的第一選擇。

中國大陸發展進入科創時代，新科技、新經濟、新業態層出不窮，城市間的競爭進入拐點，城市發展如何緊跟時代步伐，兌現其「讓生活更美好」的功能，擺脫路徑依賴，找到自己的個性，無疑將成爲其在激烈競爭中脫穎而出的關鍵。平心而論，廈門作爲福建省的雙核城市之一，城市發展受到本身產業規模與區域經濟的制約，廈門急需要找到突破口。廈門與臺灣隔海相望，習俗相同，多年來，許多臺胞、台商前來投資開工廠、興辦企業，目前在該市設立登記的台資企業已有4,248戶，占福建全省的四成以上，成爲兩岸經貿交流的重要視窗。廈門需要打好臺灣牌，來爲自己的城市發展尋找個性化的定位，進而在城市競爭續航力取得突破。

大陸的國家資源配置機制仍具計劃經濟的色彩，一個G20會議在杭州召開，中央政府可以撥款全面支持。一個金磚會議在廈門召開，中央政府協助廈門將整體基礎建設提升一個檔次，這個是臺灣的城市建設乃至於西方國家無法比擬。大陸的城市競爭意味著資源的爭取與獲得。有心圖謀發展的城市主政者無不掏空心思，思考如何壯大城市本身的規模和實力。二〇一一年安徽巢湖撤市併入省會合肥，一時間激起千層浪，毫不掩飾將合肥打造成超大城市的「野心」。八年來，合肥的發展成績從過去省會城市的中下游，連超八位，來到了全國第九。二〇一九年濟南經國務院批復合併地級萊蕪市，區劃面積由7,998平方公里增爲10244.33平方公里，總人口由732.12萬人升至869.75萬人，發展勢頭與資源互補效益明顯，將對濟南的城市競爭力起重要作用。廈門做爲對臺的前緣城市，房價很高，GDP規模相對小，喊了多年的廈漳泉（廈門、漳州、泉州）一體化至今沒有太大進展。廈門以旅遊業爲主，城市體量遠不如以製造業爲主的漳州和泉州。連廈大教授都私下評論，引領廈漳泉，廈門既沒有能力也沒有魄力。

臺灣與廈門隔海相望，金門和廈門從戰爭前線的難兄難弟發展到今天的四通

（水、電、氣、橋）友好姐妹市局面。今日金門的房價不及廈門五分之一，臺灣作爲海島型加淺碟型的外向經濟格局促使臺灣的業者必須向外走，西進廈門有地理上和生活融合上的較低成本優勢，應用好廈門的臺灣牌是業者需要深入瞭解的功課，停看聽是最佳的發展策略。一九九二年，臺灣人口是大陸的六十五分之一，而當年GDP相當於大陸的一半；到了二〇一二年，臺灣GDP只有大陸的二十分之一。好的市場和機會，政府是植物，商人是動物，商人的反應絕對是快狠準。北大滙豐商學院教授任壽根提出：創造財富需要把握好三個座標——區域座標、時間座標、行業座標。台商臺青進軍大陸，挑好廈門這個區域座標，還需細化行業和個人優勢。

馬英九執政八年，中國大陸四萬億振興經濟政策夾帶兩岸和平互惠貿易帶來的和平紅利，是臺灣西進群體雨露均霑的。隨著大陸城市之間的競爭白熱化，將牽動資源的爭取與城市發展脈動，兩岸融合同樣會爲友臺城市帶來發展紅利。

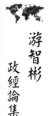

韓國瑜成敗　都更金融是關鍵

內政部二〇一四年底普查全國的老舊房屋統計，以屋齡五十年以上的「最高危險群」來分析，高雄市有五萬處，耐震強度堪慮，是發生震災崩塌的高危險群。韓國瑜以「又窮又老」召喚高雄選民，以打造「全臺首富」的願景贏得市長寶座，如何解決房屋老危問題是迫不及待的有感施政要項。「捲起袖子拚經濟」，儘快翻轉高雄，達到韓國瑜的政見願景，高雄人口五百萬，都市更新是關鍵。

高雄市政府擁有高雄銀行的43%股權，具有主導權，如何善用高雄銀行的金融威力，助力高雄都市更新，翻轉高雄人的居住品質，同時活絡經濟，吸引更多的人口進入高雄打拚。讓高雄人口五百萬，不僅僅是口號，而是現在進行式。

房地產在不同的發展階段、不同的國家都扮演著重要的角色，房地產市場的發展本身也是財富增長的結果，促進了經濟增長和居民的購買力增強，毫無疑問對經濟增長起重要作用。

從大陸來看，房地產對經濟社會的貢獻主要表現在兩個方面：第一，成爲帶動作用十分顯著的重要產業。房地產投資快速增長，帶動上游基建、下游建材等產業鏈的發展；第二，顯著改善居民條件，居住品質實現大幅提升，借由人口集中向上發展，健全基礎設施與生活機能配套，從而建立更加友善便利的宜居環境。以美國爲例，房地產行業是美國經濟的支柱，二〇一七年，美國房地產行業創造經濟增加值2.6兆美元，占GDP的13.4%。其中住房買賣創造2.4兆美元，租賃方面創造兩千億美元。與此同時，整個房地產業以及建築、物業管理等相關上下游產業占GDP的20.2%，對美國經濟影響巨大。總體來看，房地產對經濟的貢獻將從增量的土地開發、投資，轉變到基於存量的資產管理、租賃、城市更新等，在不同的階段對經濟將發揮著不同但依舊重要的作用。

以臺北市某都更案爲例，原地上建築物三十三戶，屋齡均已超過三十年，屋況老舊腐朽，舊屋更新重建後，房屋價值從都更前每坪市價約七十萬元升值爲一百萬元，爲原地主創造資產增值效果。臺灣企銀不僅積極參與並舉辦都更融資信託說明會，與地主面對面溝通，面臨借款人信用資歷不一、部分年紀已高、收入來源不穩定、互不連帶保證等挑戰，臺灣企銀跳脫傳統授信思維，最終以全額貸款方式，協助地主取得資金獲得重建，並於二〇一七年七月順利完建交屋。

金融機構參與都更建設，「不只是做生意，同時做公益」，幫助地主完成心願，創造地主、建商及銀行三方共贏。臺灣企銀從項目籌備期開始提供「籌資信託」，後續依需求提供「都更融資」、「建融及營建資金信託」、「不動產管理運用信託」及完工後建物「不動產證券化」等一條龍的金融服務，協助投資者落實符合社會需求「都更結合養老、扶幼」等複合都更目標，創新都更模式營造宜居的理想家園。

都市更新是一個複雜的「信任」工程，由高雄市政府協同高雄銀行出面，借鑒臺灣企銀的成功經驗，透過「融資＋信託＋不動產證券化」及「都更＋銀髮＋婦幼」等創新都更機制，結合建築經理公司專業管理及續建等機制，建立以銀行發揮主動積極功能的都更生態圈。

邁向高雄人口五百萬，借力都更金融，建立一個更宜居更嶄新的城市，提高高雄市民的居住品質，助力居民的財富增值。高雄借力都更金融扮演南臺灣經濟火車頭，重新站上經濟首都的高度。

美豬事件驚人發現2　臺灣「窮人」還不如陸

蔡政府貿然公布萊豬進口臺灣，朝野攻防互批，看到前朝政務官陳以信以影片揶揄當朝行政院長蘇貞昌，兩人在國會殿堂你來我往，談笑風聲，前朝的只是要當朝一個道歉，當朝的盡力把罪過推給前朝。如此的行禮如儀，恐怕只是臺灣權貴階級精緻利己的嘴臉罷了。剩下的滿地雞毛最後還是塞進臺灣中下階級的嘴裡。在臺灣短淺的四百年歷史裡，出賣臺灣的不都是這一批權貴階級嗎？窮人有機會參與嗎？醫師出身柯文哲大膽斷定窮人比較會去買瘦肉精美國豬肉。柯指出，像有錢人吃得好穿得好、心情又好較不會生病，窮人居住不好、工作環境又差、又買不起好的食物，所以貧病交加，他發現疾病最大的原因是貧窮，政府應該盡量去保護人民，若政府連最基本的安全都沒有辦法保護，坦白講就是欺負窮人而已。

臺灣的中低收入戶與低收入戶人口加起來，大約有六十萬人。臺灣大學社會學研究所碩士洪伯勳在二〇一三年出版的《製造低收入戶》一書，指出社會大眾和媒體直覺地把低收入戶當成所有貧窮家庭和人口的同義詞，並以此評估臺灣的貧窮狀況，卻忽略了低收入戶是如何審查出來，更沒有注意到有許多貧窮人口無法成爲政府眼中的低收入戶。二〇一七年八月財政部統計處公布一份《由財稅大數據探討臺灣近年薪資樣貌》報告，結果顯示，臺灣有四分之一的勞工爲低薪族，多爲青年及勞力密集性質工作，其中以二十一歲到三十歲的人在各年齡層中的低薪族占比最高。財政部指出，薪資等分位越高者、薪資成長就越顯著，而沒有相關的知識、技術等資本的低薪工作者，則是容易陷入「低薪泥沼」。全臺約有一百三十萬低薪族，月薪2.3萬元以下。報告指出，有將近四分之一的勞工爲低薪族，且多屬青年及勞力密集性質工作，多來自於非上市櫃公司、四十歲以下的年齡層，其中以勞力密集、計時人員比重高的產業，像是美容美髮、飲料店、餐館業等，低薪族的占比最高（都達到50%以上）。二〇一九年主計總處公布「二〇八年人力運用調查報告」，調查結果顯示全體1,152萬受雇就業者中，月收入不到三萬元的人數爲299.4萬人。

從上面數據估算，超過四分之一的臺灣家庭都是瘦肉精美豬的主要消費者，他們將要面對健康漸漸惡化的困境，因爲這個政府沒有能力保護他們，也不願意保護他們。因爲窮人既沒有話語權，也沒有能力反抗，他們光爲糊口就花去大量的時間和精力，他們也沒有時間和智識好好教育下一代，任由貧窮在他們之間代際傳承，那個依靠廣大農民和勞工朋友成長起來的政黨拿到政權以後，已經無暇顧及這一批廣大勞苦大眾的了。那個和農民站在一起的農業委員會主委已經背叛農民了；那個要和產業溝通的總統已經朝綱獨斷，拋棄產業了；那個民進黨口中的萬惡政權——中共，怎麼就不讓他們的窮人吃瘦肉精美國豬肉。

非洲豬瘟在二〇一八年傳入大陸，蔓延各省，導致民生所需的豬肉供應短缺價格飆漲，一時之間吃不起豬肉成爲大陸全民茶餘飯後的玩笑話。美國肉品公司看準這波商機，亟欲打入大陸市場；但大陸禁止使用瘦肉精，美國肉商因而大幅改變飼料養殖配方，要求合約農場不再使用萊克多巴胺，以求符合大陸的進口規定。可以確定的是，中國大陸不管富人窮人買不到也吃不到瘦肉精美國豬肉，但是臺灣窮人就是買得到也吃得到。二〇一九年一至二月，大陸國務院扶貧開發領導小組組織開展了二〇一八年脫貧攻堅成效考核。考核顯示二〇一八年大陸共減少農村貧困人口1,386萬人，兩百八十三個縣脫貧摘帽；深度貧困地區減貧明顯提速；建檔立卡貧困人口「不愁吃、不愁穿」總體實現，義務教育、基本醫療、住房安全有保障明顯加強。回頭看看臺灣，我們的窮人還不如大陸的窮人。

國家圖書館出版品預行編目資料

游智彬政經論集／游智彬著. --初版.--臺中市：白象文化事業有限公司，2022.4
面； 公分.
ISBN 978-626-7056-41-7（平裝）

1.臺灣政治 2.臺灣經濟 3.言論集

574.33 110018223

游智彬政經論集

作　　者　游智彬
校　　對　游智彬、黃智勇、黃怡菁
發 行 人　張輝潭
出版發行　白象文化事業有限公司
412台中市大里區科技路1號8樓之2（台中軟體園區）
出版專線：（04）2496-5995　傳真：（04）2496-9901
401台中市東區和平街228巷44號（經銷部）
購書專線：（04）2220-8589　傳真：（04）2220-8505
專案主編　李婕
出版編印　林榮威、陳逸儒、黃麗穎、水邊、陳媁婷、李婕
設計創意　張禮南、何佳諠
經紀企劃　張輝潭、徐錦淳、廖書湘
經銷推廣　李莉吟、莊博亞、劉育姍、李佩諭
行銷宣傳　黃姿虹、沈若瑜
營運管理　林金郎、曾千熏
印　　刷　基盛印刷工場
初版一刷　2022年4月
定　　價　280元

缺頁或破損請寄回更換
版權歸作者所有，內容權責由作者自負